OLIVRODA
GUITARRANEO-SOUL

Um Guia Completo do Estilo da Guitarra Neo-Soul com Mark Lettieri

SIMON**PRATT**
KRISTOF**NEYENS**
MARK**LETTIERI**

FUNDAMENTAL**CHANGES**

O Livro Da Guitarra Neo-Soul

Um Guia Completo de Estilo e Técnica da Guitarra Neo-Soul

ISBN: 978-1-78933-067-0

Publicado por **www.fundamental-changes.com**

Copyright © 2019 Simon Pratt, Kristof Neyens

Traduzido por

Elton Viana G. da Luz

www.fundamental-changes.com

Agradecimentos especiais para Mark Lettieri por fornecer as faixas
Coastin' e Sunday Brunch © Mark Lettieri

Copyright da Imagem da Capa: Taylor Guitars, utilizada com a permissão do autor.

Outros livros da Fundamental Changes

Sumário

Introdução

Quando descobrimos o Neo-Soul, instantaneamente ficamos apaixonados. A combinação do gospel, do RnB, do funk, do jazz e do hip-hop, misturou lindamente todos os nossos estilos favoritos de guitarra em um único som glorioso. Agora, muitos anos depois, é uma honra escrever um livro sobre esse assunto. Observamos as mais importantes técnicas, abordagens e conceitos de guitarra e as dividimos em partes, para que você possa embarcar nessa jornada, por meio de mais de 100 exemplos, exercícios e músicas.

Estamos honrados de trabalhar com Mark Lettieri, lenda do Neo-Soul e guitarrista do Snarky Puppy, para escrever este livro e estamos muito contentes por ele ter escrito duas faixas exclusivas que você poderá aprender na íntegra. Além disso, Mark gravou vídeos para cada uma delas, para que você possa treinar junto com ele.

Se você ainda não escutou músicas em Neo-Soul, é essencial que você as escute bastante. Confira os seguintes músicos que referenciamos frequentemente neste livro:

- Todd Pritchard

- Kerry "2Smooth" Marshall

- Landon Jordan

- Magnus Klausen

- Beau Diakowicz

- Isaiah Sharkey

- Curt Henderson

- Justus West

Se você quiser ouvir apenas três faixas que realmente definem este gênero, ouça *Montreal* de Mark Lettieri, *Movie* de Tom Misch e *Nakamarra* de Hiatus Kaiyote.

Essas faixas levarão você a um novo mundo de descobertas musicais e tornarão você versado na abordagens estilísticas do gênero. Há muitas playlists no YouTube e dedicar algum tempo para escutar essas músicas melhorará grandemente o seu conhecimento e entendimento do Neo-Soul, e esperamos que inspirará você a dedicar-se ao máximo a todas as lições deste livro. Ademais, o estilo é divertido e tem um ritmo de funk, portanto você aproveitará bastante. Você pode nos agradecer depois!

Este livro é dividido em duas partes. A primeira mergulha diretamente no assunto e simplifica as abordagens técnicas, de acordes e de notas utilizadas pelos maiores guitarristas de Neo-Soul e as condensa em exemplos musicais que você pode começar a utilizar imediatamente. Quando você aplicar essas técnicas às suas próprias sequências de acordes e riffs, você desenvolverá rapidamente o seu próprio estilo na guitarra.

Todas as técnicas são ensinadas tendo como base as progressões de acordes que você pode aplicar na sua música instantaneamente, portanto sinta-se à vontade para utilizar as nossas ideias.

A segunda parte deste livro começa no Capítulo Sete e consiste de quatro músicas originais de Neo-Soul na guitarra que foram especialmente produzidas para este livro. Duas delas foram feitas por Mark Lettieri e as outras foram feitas por nós (Simon e Kristof). Essas músicas foram feitas pensando-se no desenvolvimento das suas habilidades performáticas e para te ensinar as aplicações musicais das técnicas da Parte Um.

Se você é novo no Neo-Soul, recomendamos que você estude os exemplos deste livro do começo ao fim, para que você possa aprender e desenvolver as técnicas de uma forma lógica. Se você já toca em Neo-Soul e está apenas buscando novas ideias, sinta-se à vontade para explorar o livro, a partir de qualquer parte!

Acreditamos no valor de se ter um companheiro ou uma banda para praticar, mas entendemos que isso não é possível para todos. Para ajudar nisso, incluímos tracks de bateria e *backing tracks*, para que o processo de aprender o Neo-Soul seja tão prático quanto possível. Para mais detalhes sobre como utilizar essas faixas, vá para o final do livro, um pouco antes da conclusão.

Esperamos que este livro te dê ferramentas valiosas, para que você desenvolva as suas habilidades na guitarra Neo-Soul ou que te inspire a praticar ainda mais. Este livro oferecerá a você, definitivamente, novos desafios e entendimento, à medida que você for procurando evoluir.

Também é importante ressaltar que, apesar de ser altamente adaptado à guitarra elétrica, o Neo-Soul também funciona bem no violão. Acreditamos que você gostará bastante deste livro e que ele expandirá as suas habilidades musicais.

Bons Estudos!

Simon e Kristof

Acesse os Áudios

Os arquivos de áudio incluídos neste livro estão disponíveis para download gratuitamente em: **www.fundamental-changes.com** e o link está no canto superior direito do site. Simplesmente selecione o título deste livro no menu e siga as instruções para acessar o áudio.

Recomendamos que você baixe os arquivos diretamente no seu computador, não no seu tablet, e extraia-os lá, antes de adicioná-los à sua biblioteca de mídia. Você pode colocá-los no seu tablet, iPod ou gravá-los em um CD. Há um PDF de ajuda na página de download e nós também oferecemos suporte técnico.

Acesse os Vídeos

Há muitos vídeos de ensino incluídos neste livro, com destaque para as duas faixas exclusivas de Mark Lettieri. Às vezes, os limites da notação musical não fazem justiça à nuance da música, dessa forma é importante que você faça o download dos vídeos gratuitamente em:

https://www.fundamental-changes.com/neo-soul-videos/

Twitter: @guitar_joseph

Mais de 10,000 fans no Facebook: FundamentalChangesInGuitar

Instagram: FundamentalChanges

Para mais de 350 Aulas de Guitarra Gratuitas com Vídeos Acesse

www.fundamental-changes.com

Capítulo Um – Voicings de Acordes e Ornamentos

Artista em Foco: Todd Pritchard

Uma das principais concepções errôneas que muitas pessoas que estudam conosco têm é a de que você precisa ser capaz de tocar voicings de acordes complexos e de forma extremamente rápida para soar autêntico no gênero. Neste capítulo, vamos desmitificar essa ideia ao te mostrar alguns voicings e grooves fundamentais que incorporam a vibe do Neo-Soul, mas que são fáceis de aprender.

Primeiramente, desenvolvemos os conceitos exibidos neste capítulo, enquanto escutávamos Todd Pritchard. Todd é uma dos guitarristas com mais groove que existe. Confira o seu brilhante perfil no Instagram no link abaixo:

https://www.instagram.com/toddpritch/

Depois de ter finalizado este capítulo, você não apenas terá adquirido uma sólida base dos desenhos de acordes essenciais, mas também entenderá como aplicá-los em um groove – uma habilidade fundamental no Neo-Soul. No final deste capítulo há uma música original de Simon chamada *Penguin Suit*, que exibe todas as técnicas ilustradas nos exemplos.

Uma grande parte do Neo-Soul é o uso de voicings de acordes em sexta e sétima. Toque três notas dos voicings Emaj6 e Emaj7 e as mantenha por quatro batidas. Certifique-se de tocar apenas nas cordas designadas.

Exemplo 1a:

Frequentemente, são usadas digitações que permitem que um acorde de sétima possa ser facilmente tocado com um *hammer-on* a partir de um acorde de sexta. No Exemplo 1b, faça uma pestana na 6ª casa e um *hammer-on* com o anelar na 6ª casa na corda Sol. Mesmo com a adição deste simples ornamento utilizando o *hammer-on*, você pode ouvir instantaneamente os padrões de Neo-Soul se formando.

Exemplo 1b:

A combinação do desenho de acorde de sétima maior e o padrão de rítmico mostrado abaixo é a fundação do Neo-Soul. Este conceito forma a espinha dorsal de muitas músicas em Neo-Soul clássico e construiremos, durante todo este livro, ideias baseadas nele.

Exemplo 1c:

O Neo-Soul baseia-se bastante na escala pentatônica maior. O Exemplo 1d adiciona uma sequência de quatro notas (E F# G# B C#) na pentatônica de E maior no fim de uma sequência de acordes. Utilize o diagrama da pentatônica de E maior, abaixo, e pratique o Exemplo 1d, várias vezes, utilizando quatro notas diferentes por vez. Não se preocupe com quais notas você começará – experimentar é crucial. Anote as suas notas favoritas em um caderno.

E Major Pentatonic

Exemplo 1d:

Combinar pequenos voicings de acordes com passagens melódicas de nota única é uma característica do Neo-Soul e é também essencial para a construção de partes para guitarra que soem autênticas. Há muitas formas de articular as melodias de nota única e adicionar alguns *slides* certamente dará vida ao seu som. O Exemplo 1e adiciona um *slide* comum no desenho do acorde de sétima maior e executa a ideia entre os acordes EMaj7 e AMaj7. O Exemplo 1e é uma característica do som de Todd Pritchard.

Exemplo 1e:

Agora que você já está se sentindo confortável tocando esses desenhos de acordes nas cordas com a tônica na corda Lá, vamos executar algumas ideias com a tônica na corda Mi (6ª corda). Toque os acordes A6/9 e A6 e mantenha-os por quatro batidas. Se você estiver com dificuldade para abafar a corda Lá, toque os exemplos utilizando o dedilhado ou uma mistura de ambos (palheta e dedos).

Exemplo 1f:

No Exemplo 1g, toque um *hammer-on* da nota B para a nota C# na corda Sol, enquanto mantém o acorde. Ao fazer isso você alternará entre o acorde A6/9 e A6. Partes da guitarra no Neo-Soul frequentemente utilizam um *hammer-on* ou um *pull-off* para alterar os desenhos dos acordes. Certifique-se que a nota tocada com *hammer-on* soe tão claramente como as notas das cordas Mi e Ré.

Exemplo 1g:

O Exemplo 1h combina os desenhos de acorde que aprendemos nos exemplos anteriores e inclui alguns *hammer-ons* no acorde de sétima maior com uma tônica na corda Lá e mais alguns *hammer-ons* no acorde de sexta maior com uma tônica na corda Mi (6ª corda). Esta é uma pequena e divertida improvisação para praticar com a track de bateria nº1.

Exemplo 1h:

Esses desenhos de acorde, Cmaj7 e Am7, de três notas, com a tônica na corda Mi (6ª corda), são extremamente populares no Neo-Soul. Você pode estar acostumado a tocar voicings grandes com cinco ou seis notas para esses desenhos, mas os voicings mostrados no Exemplo 1i permitem que um dedo fique livre, para adicionar as passagens.

Exemplo 1i:

O Exemplo 1j introduz os acordes e o groove que serão utilizados nos próximos exemplos. Certifique-se de escutar como fraseamos os exemplos, fazendo o download do áudio em: **www.fundamental-changes.com**

Exemplo 1j:

O Exemplo 1k adiciona vários *hammer-ons* e *slides* nos acordes do exemplo anterior, junto com *double-stops* (duas notas tocadas ao mesmo tempo) nas cordas Ré e Sol. As notas tocadas em *double-stop* entre cada acorde são da escala pentatônica de Sol maior (G A B D E).

G Major Pentatonic

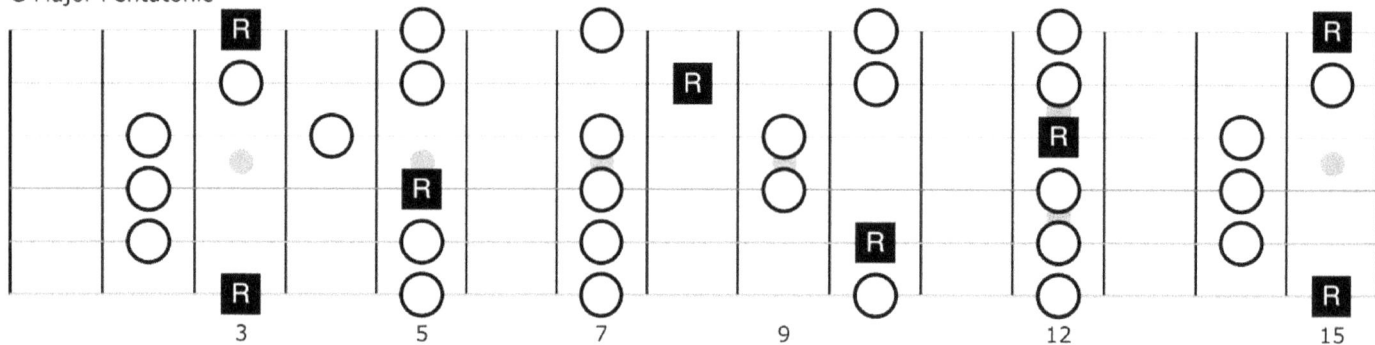

Exemplo 1k:

Vamos estender a progressão prévia de dois compassos para criar uma progressão em quatro compassos que é liberada no centro tonal de Sol maior. Antes de avançar para os próximos exemplos, certifique-se de ter decorado esta progressão.

Exemplo 1l:

Cmaj7 **Bm7** **Am7** **Gmaj7**

Ao adicionar *double-stops* nas cordas Ré e Sol da escala pentatônica de Sol maior, as transições entre os acordes começam a soar mais fluidas e adquirem um importante aroma de Neo-Soul. Se você está procurando por um desafio extra, experimente adicionar *slaps* percussivos com as cordas abafadas, onde, neste exemplo, as pausas aparecem. Para criar um efeito percussivo abafado, toque as cordas levemente com o nó dos dedos.

Exemplo 1m:

Cmaj7 **Bm7** **Am7** **Bm7**

Cmaj7 **Bm7** **Am7** **Gmaj7**

Neste livro, queremos fornecer a você tantas ideias quanto forem possíveis, para que você as incorpore na sua música, portanto, junto com outros exemplos mais curtos, incluímos músicas completas para que você estude. A primeira destas músicas foi escrita por Simon e chama-se: *Penguin Suit*.

Antes de praticar a composição na sua inteireza, saiba que dividimos as seções principais em pequenas partes. Recomendamos que você trabalhe nesses exemplos, antes de tocar a composição completamente.

Para dominar as digitações específicas, assista ao *vídeo de* Penguin Suit (https://www.fundamental-changes.com/neo-soul-videos/). Você notará que Simon utiliza o dedilhado nesta música, mas tocar com uma palheta também funciona perfeitamente.

O Exemplo 1n exibe o principal "gancho" de *Penguin Suit*. Ele é baseado na escala de D maior (D E F# G A B C#). Pratique cada acorde isoladamente antes de adicionar as passagens.

Exemplo 1n:

A seção B do *Penguin Suit* utiliza voicings de acordes inicialmente com a tônica na sexta corda e adiciona *slides* e padrões de legato entre cada um deles.

O padrão de *slide* com *double-stop* no fim do segundo compasso, demandará atenção extra para que soe limpo. Há diferentes formas de executá-lo, mas sugerimos que você faça uma pestana com o dedo indicador na 2ª casa e pressione as cordas nas casas 4ª e 5ª com os dedos anelar e o mínimo, respectivamente.

Exemplo 1º:

O Exemplo 1p te ensina um lick na escala de Si maior que aparece no final de *Penguin Suit*. Observe como a combinação de legato e *slides* dá ao lick um som suave e fluido.

Exemplo 1p:

A parte final da música utiliza a escala de Mi maior em múltiplas posições no braço. Se este tipo de sequência é algo novo pra você, recomendamos que você a aprenda por partes, antes de tocá-la inteira. Aprender apenas quatro notas de um padrão novo é uma boa forma de começar e você ficará surpreso de ver quão mais fácil uma frase se torna, uma vez que você a tenha dividido em partes.

Exemplo 1q:

Agora que você já completou os lick*s* individuais que compõem esta música, vamos colocá-los todos juntos na versão completa de *Penguin Suit*. Assista ao vídeo várias vezes e ouça atentamente o fraseado de cada parte da música.

https://www.fundamental-changes.com/neo-soul-videos/

Penguin Suit – Completa

D6 C♯m7 Bm7 Amaj7
D6 C♯m7 Bm7 E11 E13
Dmaj7 Asus2 Dmaj7 Bm7 Amaj7 G♯m7 F♯m7
Dmaj7 Asus2 F♯m7 Eadd9
Dmaj7 Asus2 Dmaj7 Bm7 Amaj7 G♯m7 F♯m7

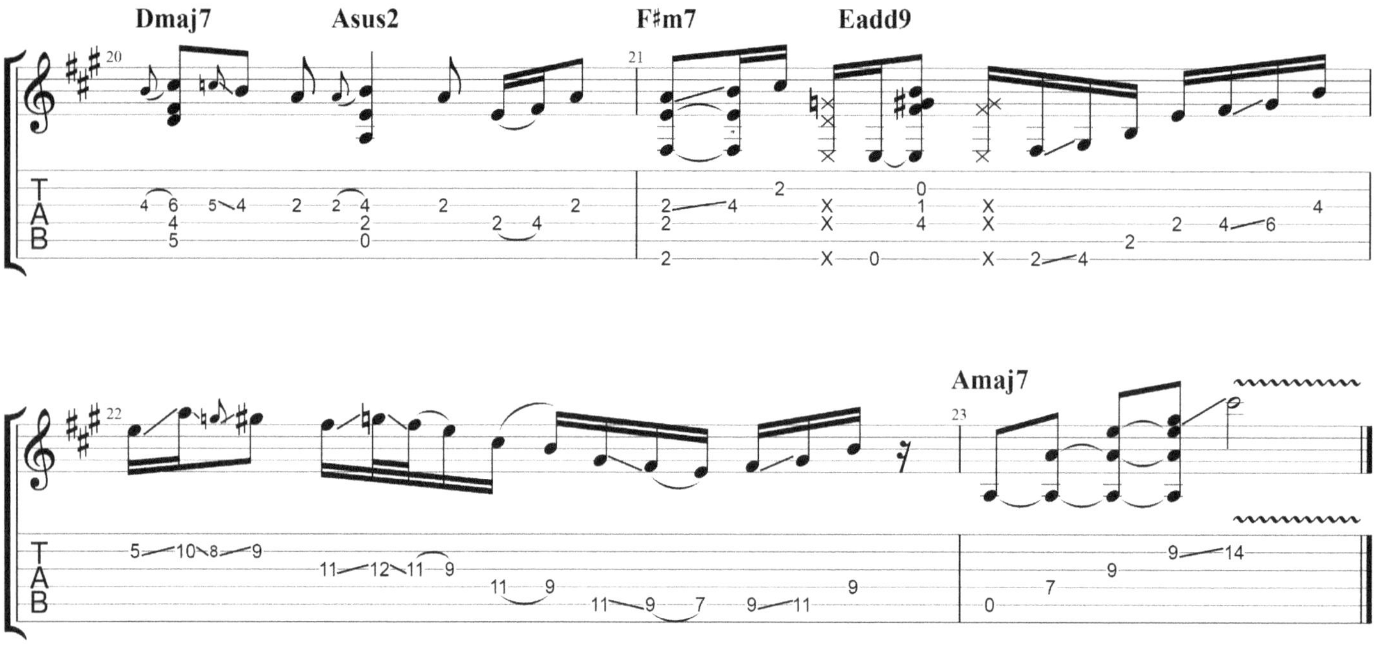
Dmaj7
Asus2
F♯m7
Eadd9
Amaj7

Capítulo Dois – Truques com Acordes de RnB

Artista em Foco: Kerry "2Smooth" Marshall

Aplicar *hammer-ons* e *pull-offs* em desenhos de acordes com pestana é uma grande parte do som de Neo-Soul na guitarra. Essas técnicas de *legato* foram emprestados do RnB, portanto nomeamos este capítulo de Truques com Acordes de RnB.

Como professores, os alunos sempre nos perguntam como treinar o dedo mínimo para agir independentemente e ao mesmo tempo montar os acordes com pestana, assim sendo, neste capítulo compilamos os exercícios mais efetivos para te ajudar a desenvolver a força e a independência necessária no dedo mínimo. Os primeiros exemplos deste capítulo foram feitos para te ensinar as técnicas essenciais, mas eles se tornarão mais musicais, conforme você for progredindo nos exercícios.

Se tocar passagens com legato, enquanto mantém os desenhos de acordes com pestana, é algo novo pra você, estude este capítulo metodicamente e pratique cada exemplo em 55 bpm. Não caia na tentação de pular os exemplos iniciais apenas para aplicar imediatamente estas técnicas nos desenhos de acordes. Pratique-os metodicamente, visto que cada exemplo se baseia no exemplo anterior, de um modo estruturado.

No Exemplo 2a, faça um *hammer-on* na corda Si com os dedos indicador e o mínimo. É de suma importância utilizar esses dedos específicos, pois que este exemplo é a fundação para todos os outros que se seguirão.

Exemplo 2a:

Agora adicione uma simples pestana na 3ª casa com o indicador e faça um *hammer-on* na corda Si na 5ª casa com o dedo mínimo. Certifique-se de pressionar firmemente o acorde com pestana e continue a pressioná-lo até que você termine o *hammer-on*.

Exemplo 2b:

Os exemplos a seguir utilizam um voicing, mais complexo, de C maior com sétima, como mostrado no Exemplo 2c.

Exemplo 2c:

```
        Cmaj7
     4  8
  4  4  8
        o

  T      3
  A      5
  B      4
         5
         3
```

Agora que você já treinou o dedo mínimo para atuar independentemente enquanto mantém um acorde com pestana, vamos aplicar esta técnica ao acorde de C maior com sétima. No Exemplo 2d, monte e toque o acorde com pestana Cmaj7 sem o dedo mínimo, então faça um *hammer-on* na corda Si, da 3ª para a 5ª casa.

Exemplo 2d:

```
        Cmaj7

     4
  4  4

  T    3      5    3      5    3      5    3      5
  A    4      4    4      4
  B    5      5    5      5
       3      3    3      3
```

O Exemplo 2e introduz outro comum ornamento utilizado nos acordes de RnB. Complete o padrão com *hammer-on* exatamente como no exemplo anterior, mas desta vez toque a nota na corda Mi (1ª corda) na sequência.

À medida que você for progredindo nos exemplos deste capítulo, separe um tempo para escutar como Kerry "2 Smooth" Marshall toca. A sua abordagem à forma de tocar os acordes de RnB resume tudo o que você aprenderá neste capítulo. Aqui está um link da sua excelente página no Instagram:

https://www.instagram.com/kerry2smooth/

Exemplo 2e:

Outra adaptação comum ao desenho do acorde de sétima maior com pestana é criar um padrão com *hammer-on* na corda Mi (1ª corda). Neste caso, ela produz o som do acorde Cmaj13.

Exemplo 2f:

Uma das maravilhas do som dos acordes de RnB é a fluidez das passagens tocadas entre cada acorde. Ela é facilmente alcançada ao se aplicar os padrões de legato em múltiplas cordas. O Exemplo 2g combina, em um único exemplo os, já estudados, padrões prévios de legato nas cordas Si e Mi. Ele salienta o tipo de som que estamos buscando criar neste capítulo.

Para tocar o Exemplo 2g, utilize o dedo mínimo para executar os *hammer-ons* em ambas as cordas Si e Mi, enquanto mantém o desenho do acorde. Permita que os acordes soem, conforme você for executando cada *hammer-on*.

Exemplo 2g:

Agora que você já está confortável executando *hammer-ons*, enquanto mantém o desenho do acorde com sétima maior, é hora de adicionar um *pull-off*. Toque o *pull-off*, da 5ª casa para a 3ª, com os dedos mínimo e indicador, enquanto mantém a pestana. Certifique-se de que todas as notas soem limpas e que nenhuma esteja abafada. Esse movimento cria o acorde Cmaj9.

Exemplo 2h:

No Exemplo 2i, faça um pull-off da 5ª casa para a 3ª na corda Mi (1ª corda), com os dedos mínimo e indicador, que executa a pestana. Você pode considerar os exercícios seguintes de *pull-off* um pouco mais difíceis do que os prévios sobre *hammer-ons*. Isso é perfeitamente normal! Com tempo e a prática, você se sentirá tão confortável com eles como com os *hammer-ons*.

Exemplo 2i:

Até agora nos concentramos em utilizar padrões de notas em colcheia, para cada lick, com acordes no estilo RnB. O Exemplo 2j contém *hammer-ons* utilizando o desenho de acorde com sétima maior, mas desta vez utiliza semicolcheias, em vez de colcheias.

Exemplo 2j:

Praticar os *hammer-ons* e os *pull-offs* separadamente é necessário para a desenvolver coordenação, resistência e força. O exemplo a seguir combina os padrões de *hammer-on* e *pull-off*, vistos nos exemplos anteriores, em um, muito utilizado, lick com acordes de RnB.

Exemplo 2k:

Agora que você já dominou as comuns adições em desenhos de acordes de sétima maior, é hora de examinar os padrões de *hammer-ons* e *pull-offs* em desenhos de acordes de sétima menor.

Antes de executar os próximos exercícios, ouça esta bela música de Kerry "2 Smooth" Marshall. Veja se você consegue reconhecer os desenhos de acordes que ele está tocando.

https://www.instagram.com/p/BkA-hZNFGjv/?hl=en&taken-by=kerry2smooth

No Exemplo 2l, faça um *hammer-on* na corda Si, da 6ª casa para a 8ª, utilizando os dedos médio e mínimo. Certifique-se de utilizar somente esses dois dedos quando for executar este exercício, visto que eles serão os únicos disponíveis quando você executar o acorde com pestana nos próximos exemplos.

Exemplo 2l:

Agora, adicione este padrão de *hammer-on* a um acorde Dm7 com a tônica na corda Lá. Tente fazer a nota do *hammer-on* soar tão claramente quanto possível, depois que você tiver tocado o acorde.

Exemplo 2m:

Outra adaptação comum ao desenho do acorde de sétima menor é criar um padrão de *hammer-on* na corda Mi (1ª corda). Neste caso, estamos na tonalidade de D menor, logo podemos utilizar qualquer uma das notas da escala pentatônica de D menor (D F G A C) junto com o desenho do acorde Dm7. No Exemplo 2n, faça um *hammer-on*, na corda Mi (1ª corda), da 5ª casa para a 8ª, utilizando os dedos indicador e mínimo.

Exemplo 2n:

Agora adicione o desenho do acorde Dm7 ao padrão de *hammer-on* anterior.

Exemplo 2o:

Combine o padrão de *hammer-on*, na corda Si, da 6ª para a 8ª casa com o padrão de *hammer-on*, na corda Mi (1ª corda), da quinta para a oitava casa. Este é um brilhante exercício de aquecimento, pois que ele combina o desenho do acorde com pestana e os *hammer-ons* em legato.

Exemplo 2p:

Uma vez que você tenha aprendido os padrões de *hammer-on* no desenho do acorde de sétima menor, o próximo passo é praticar os pull-offs e hammer-ons juntos. Se este novo padrão em legato for algo novo pra você, pratique os *pull-offs* separadamente antes de praticar o Exemplo 2q.

Exemplo 2q:

Agora alterne entre os acordes Cmaj7 e o Dm7, ao executar os padrões em legato mostrados durante todo este capítulo. Depois de todos esses exercícios, as coisas começam a ficar mais musicais.

Conforme você for avançando para os próximos exemplos, inspire-se em outra peça de Kerry "2 Smooth" no seu Instagram.

https://www.instagram.com/p/BikKXCJF3qA/?hl=en&taken-by=kerry2smooth

Exemplo 2r:

O Exemplo 2s é um grande exercício de aquecimento musical que combina múltiplos acordes com pestana e legato. Comece praticando este exemplo lentamente, em 50 bpm, e certifique-se de que tudo soe limpo antes de aumentar o tempo.

Exemplo 2s:

Acordes com a tônica na corda Si tendem a ser comumente utilizados no Neo-Soul, mas é importante tocar os desenhos de acordes em diferentes posições no braço da guitarra. O Exemplo 2t mostra um acorde de sétima menor na tonalidade de Si menor com a tônica na corda Mi. O exemplo segue com uma rajada de notas em legato, a serem executadas com os dedos indicador e mínimo. Para tornar esses exemplos mais divertidos, toque-os com as *backing tracks* disponíveis no nosso site.

Exemplo 2t:

Agora vamos observar um desenho de acorde de sétima maior com a tônica na corda Mi (6ª corda) e uma escala em C maior, frequentemente utilizada com a passagem em legato.

Exemplo 2u:

O exemplo final deste capítulo combina os desenhos de acordes de sétima maior e menor, nas cordas Mi (6ª corda) e Lá, com uma variedade de passagens em legato. Como sempre, pratique lentamente e ouça os áudios de exemplo para ver como cada compasso deve ser fraseado.

Exemplo 2v:

Capítulo Três – Linhas de Nota Única

Artista em Foco: Landon Jordan, Magnus Klausen e Beau Diakowicz

Antes de começarmos este capítulo, gostaríamos de introduzir a você Landon Jordan. Este jovem músico de sessão, que mora em Atlanta, produz demos para companhias como a Fender guitars. Com as suas habilidades é fácil perceber por que ele é um dos músicos mais requisitados. Assista a estes mágicos 18 segundos e saboreie a fluidez das linhas de nota única, que é acima da média!

https://www.instagram.com/p/BeogpCRFuxc/?utm_source=ig_share_sheet&igshid=uopn7gp6d2v0

Outro artista que vale a pena conferir é Magnus Klausen – um jovem pioneiro em Neo-Soul no Reino Unido. Ele conquistou muitos seguidores no Instagram com o seu pioneirismo combinado a novas ideias técnicas e melódicas em Neo-Soul. Aqui está uma das nossas músicas favoritas dele. Note a mistura do jazz, blues, rock, gospel e outros gêneros, salientada neste vídeo.

https://www.instagram.com/p/BkK_rHRFsAr/?utm_source=ig_share_sheet&igshid=1dtfh6krfjz3s

Agora você aprenderá que uma importante característica da guitarra Neo-Soul é a mistura de belos voicings de acordes de jazz e passagens de nota única entre os acordes. Neste capítulo, ensinaremos o passo a passo de algumas passagens comumente utilizadas no Neo-Soul – incluindo licks em pentatônica, arpejos, passagens de tom cromáticas e linhas "de fora". Uma vez que você tenha absorvido as ideias deste capítulo, utilize os conceitos para criar a sua própria abordagem personalizada.

Ideias em Pentatônica

As escalas pentatônica maior e menor são ambas escolhas populares entre os guitarristas de Neo-Soul. Utilizando apenas cinco notas, essas escalas facilmente delineiam os sons do acorde e se adaptam perfeitamente à maioria das situações. As técnicas de legato, como os *slides*, *hammer-ons*, *pull-offs* e notas ornamentais são utilizadas para extrair o máximo de cada escala. Preste atenção em como as técnicas utilizadas influenciam o fraseado de cada linha e esforce-se para incorporar essas ideias no seu modo de tocar.

O Exemplo 3a utiliza escala pentatônica de C maior (C D E G A) e tem um ritmo gospel. Este lick funcionaria perfeitamente entre os acordes de qualquer progressão em C maior, mas são normalmente tocados entre os acordes Cmaj7 e Cmaj9 no Neo-Soul.

Exemplo 3a:

O Exemplo 3b contém três notas da escala pentatônica de C maior, tocadas em três oitavas diferentes, e enfatiza a importância do vibrato e dos *slides*. No áudio de exemplo, você ouvirá esta linha sendo tocada com um vibrato rápido e sutil, mas tente experimentar diferentes velocidades e quantidades de vibrato. Este exemplo mostra como você pode utilizar diferentes áreas do braço para criar passagens entre os acordes. Por exemplo, se você tiver três acordes Cmaj7 diferentes, em uma música que você está criando, você pode tentar colocar uma passagem em cada uma das diferentes oitavas mostradas neste exemplo.

Exemplo 3b:

O Exemplo 3c utiliza a escala pentatônica de C maior para salientar a importância de *slides* curtos e *hammer-ons*.

Exemplo 3c:

Uma das principais diferenças entre o Neo-Soul, o rock padrão e o blues é o maior foco nas progressões de acordes maiores. Neste capítulo, priorizamos a demonstração de licks na pentatônica maior, dado que eles provavelmente soarão menos familiares a você, do que os licks em pentatônica menor.

O último lick em pentatônica maior move-se do C maior para a escala pentatônica de A maior (A B C# E F#).

Exemplo 3d:

Ideias em arpejo

As linhas de nota única no Neo-Soul baseiam-se em ser fluídas e suaves e frequentemente utilizam muito do braço para alcançar isso. Arpejos são uma grande ferramenta de navegação, para que nos movamos no braço da guitarra e nesta seção veremos três dos arpejos mais comuns utilizados no Neo-Soul – Com nona maior, nona menor e nona da dominante.

Antes de tocar essas linhas, saiba que incluímos passagens específicas em legato que ajudar-te-ão a criar um som fluido, apesar de ser possível tocar cada nota separadamente. Estes arpejos são comumente tocados entre acordes e como passagens, quando uma sequência mais longa é necessária.

Antes que você comece a tocar os arpejos, gostaríamos de apresentar a você o fenômeno que é Beau Diakowicz. Realmente, quando o descobrimos ficamos muito impressionados. Confira um lick seu em Soundslice e veja como ele utiliza os arpejos no quinto e no sétimo compasso para mover-se sem esforço no braço da guitarra.

https://www.instagram.com/p/BO_H0skFgIh/?utm_source=ig_share_sheet&igshid=ama3xe9w5blz

A coisa mais importante que você pode fazer com os arpejos seguintes é memorizá-los e não apenas lê-los. Isso tomará tempo, mas o esforço investido será muito bem recompensado com belas linhas que impressionarão a audiência.

No final de cada arpejo, incluímos um voicing de acorde para que você possa tocar o arpejo novamente. Utilize um pedal loop, um sequenciador ou o seu celular para gravar o acorde e então toque o arpejo correspondente baseando-se ele.

Exemplo 3e – Arpejo em Amaj9:

Exemplo 3f – Arpejo em A9:

Exemplo 3g – Arpejo em Am9:

O Exemplo 3h demonstra um acorde Asus2 seguido de um arpejo (A C# E G# B) no acorde Amaj9 tocado com as notas rearranjadas para criar um lick. Certifique-se que o arpejo soe suavemente e deixe que as notas soem para delinear o acorde Amaj9. Você pode utilizar este lick com qualquer acorde em A maior, mas os acordes usualmente utilizados no Neo-Soul são os: Amaj7, Amaj9 e Aadd9.

Exemplo 3h:

Baseando-se no exemplo anterior, o Exemplo 3i demonstra um arpejo (E G B D F#) com o acorde Em9 que inclui *slides* para ajudar a mudar de posição. Em todo este exercício, execute os *slides* com o dedo indicador. Uma forma divertida de extrair o máximo desses licks é tocá-los ao contrário.

Exemplo 3i:

O Exemplo 3j demonstra uma bela forma de conectar o arpejo (C E G B) em Cmaj7 a um arpejo (F A C E) em Fmaj7. Essas formas de arpejo são formadas nas passagens, que podem ser utilizadas entre os acordes. Preste atenção especial ao uso dos *slides* e *hammer-ons* neste exemplo, visto que eles fornecem um som único.

Exemplo 3j:

Até agora nos concentramos nas passagens ascendentes e nos licks. O Exemplo 3k demonstra um lick descendente que usa uma escala natural de B menor (B C# D E F# G A) e termina com um popular voicing de acorde de Neo-Soul. A natureza fluída deste lick demonstra que ele também funcionaria bem depois de um voicing de acorde em B menor, como o Bm7 ou Bm9. Ele também funcionaria bem como o fim de uma música em Neo-Soul.

Exemplo 3k:

Um dos principais objetivos deste livro é te ensinar a ser capaz de combinar passagens, licks e acordes, de modo confiante. Como o desenho do acorde em nona maior é muito comum no Neo-Soul, essa é uma boa forma de começar, quando você estiver ficando habituado a adicionar as passagens aos seus voicings de acordes. O Exemplo 3l começa com o voicing Bmaj9 com a tônica na corda Lá, depois utiliza a escala de B maior com pequenos *slides*, *hammer-ons*, *pull-offs* para definir o ritmo do lick.

Exemplo 3l:

O Exemplo 3m utiliza a escala de E maior (E F# G# A B C# D#) para criar uma passagem que funcionaria bem em qualquer acorde de E maior, como o Emaj7 ou Emaj9.

Confira abaixo o diagrama do braço na escala de E maior. Quando você estiver aprendendo este exemplo, dê atenção especial às notas utilizadas no lick que *não* aparecem no diagrama. Essas passagens foram adicionadas para criar uma ideia de tensão e alívio e não são mantidas por muito tempo.

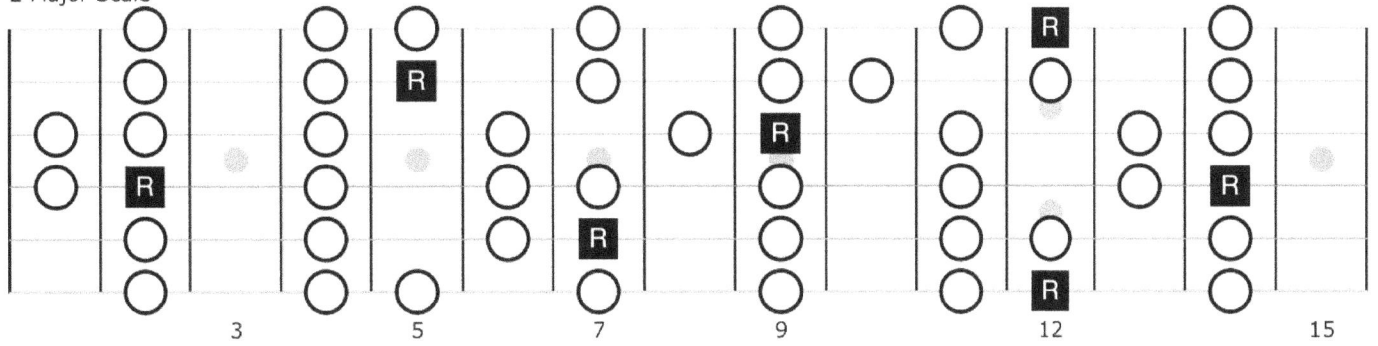

E Major Scale

Exempleo 3m:

Pratique o lick na escala natural de E menor (E F# G A B C D) primeiramente muito devagar, *sem* um metrônomo. Os dois primeiros compassos ligam-se perfeitamente e funcionam muito bem como um aquecimento cheio de legatos. Este lick funciona como uma longa passagem em qualquer acorde de E menor. No Neo-Soul os acordes utilizados comumente serão: o Em7 e o Em9.

Quando você estiver aprendendo este exemplo, recomendamos que você divida o lick em pequenas partes de três ou quatro notas. Isso ajudará você a aprender o lick rapidamente, mas você também pode utilizar essas pequenas partes como licks separados, que podem ser utilizados como passagens curtas.

Exemplo 3n:

Chamamos esse próximo lick, na escala natural de E menor, de "deslize e faça slides", visto que ele demonstra o poder que múltiplos *slides* reunidos possuem, no contexto do Neo-Soul. Este lick funciona perfeitamente em qualquer acorde de E menor. O acorde Em11, exibido na metade do segundo compasso, deve ser pressionado com o desenho do acorde completo, antes que se aplique o *hammer-on* e o *slide* necessário.

Exemplo 3o:

Uma forma muito comum de criar linhas de nota única é tocar utilizando apenas uma corda. Isso pode te ajudar a se libertar das formas e padrões convencionais da guitarra. Além disso, ela cria um som do tipo vocal. No Exemplo 3p a escala de Db maior (Db Eb F Gb Ab Bb C) forma a base do lick e combina múltiplos legatos e frases com *slide* para criar o seu som característico. Selecione uma corda qualquer e desafie-se a tocar a escala pentatônica menor e a escala maior utilizando apenas a corda selecionada.

Exemplo 3p:

```
T  6----8----6/8----10----8/10----13----10/13----15---18----/17----\15----13----13----
A
B
```

Aplicar *bends* à técnica de uma corda, mencionada acima, também pode criar uma linha melódica do tipo vocal. Pratique bastante para alcançar *bends* precisos e, quando você estiver confortável, adicione alguns vibratos.

Exemplo 3q:

```
                                                ½ tr                                  full
T        /12      11----13----15-----   15 (13)-13----15-----11       (11)
A
B
```

Ideias Cromáticas

O conceito de adicionar passagens de tom cromáticas a uma escala é muito importante, portanto o estudaremos brevemente aqui. (Para mais informações sobre como inserir o cromatismo no seu estilo de tocar, confira os livros de Jens Larsen *Conceitos Modernos de Jazz na Guitarra* e de Tim Pettingale *Bebop em Jazz Blues na Guitarra*).

O Exemplo 3r utiliza um padrão repetitivo com notas cromáticas (notas separadas por um semitom / uma casa) e funciona bem também com acordes de B maior e E maior.

Exemplo 3r:

Tocar os desenhos padrões das escalas é algo muito bom, mas, no Neo-Soul, as passagens de tom e as notas cromáticas frequentemente criam uma tensão e alívio extras. Essa ideia foi emprestada dos músicos de jazz e é frequentemente vista no estilo de músicos como Pat Martino. Confira o vídeo no YouTube de Pat Martino e John Scofield, no qual eles utilizam uma grande quantidade de linhas cromáticas!

https://www.youtube.com/watch?v=8q742ZgZC28

No Exemplo 3s, a escala de E maior é combinada com passagens de tom para criar um lick de Neo-Soul que funcionaria perfeitamente com qualquer acorde de E maior, mas frequentemente os acordes utilizados são: o Emaj7 e o Emaj9.

Consulte o diagrama da escala de E maior, no Exemplo 3l, caso você precise se recordar desse desenho no braço da guitarra.

Exemplo 3s:

O próximo exemplo soa muito bem de uma progressão de acordes IVmMaj7 para uma em lmaj7. Neste caso, há uma transição do AmMaj7 para o Emaj7. Essas linhas em legato soam muito melhor quando tocadas livremente como demonstrado no áudio de exemplo.

Exemplo 3t:

Apresentar um certo nível de dissonância é um tema comum no Neo-Soul. Isso é usualmente atingido ao se utilizar diferentes tipos de acordes dominantes alterados como: 7b5, 7#5, b9, #9 e o b13. Você verá os voicings desses acordes, conforme você for progredindo neste livro, mas tenha em mente que a função primária deles é adicionar tensão que é liberada, usualmente em um voicing de acorde maior ou menor.

Nos próximos três exemplos, mostraremos a você algumas passagens comuns que podem ser aplicadas ao acorde no final de cada exemplo. É importante salientar que o conceito de acordes alterados é muito extenso, portanto confira o livro *Chord Tone em Solos na Guitarra Jazz* de Joseph Alexander para mais detalhes.

O Examplo 3u demonstra o tipo de lick que é frequentemente tocado com acordes alterados no Neo-Soul. Esta linha se baseia na escala alterada de A (A B C C# Eb F G) – o sétimo modo da escala menor melódica.

Exemplo 3u:

O Exemplo 3v exibe a escala meio diminuta de B (B C D D# E# F# G# A) e termina com o voicing popular 13b9. Essa escala meio diminuta é frequentemente utilizada para tocar o voicing do acorde 13b9 mostrado no terceiro compasso e é uma escolha muito popular de escala entre os modernos guitarristas de jazz, fusion e Neo-Soul.

Confira neste vídeo do Instagram, Curt Henderson misturando os modos da escala maior com os da escala meio diminuta.

https://www.instagram.com/p/BgWbnYylp01/?taken-by=curthenderson_

Exemplo 3v:

O Exemplo 3w utiliza uma linha fluida em legato, baseando-se na escala alterada de E (E F G Ab Bb C D). Esta foi linha inspirada em Robben Ford e na sua música *Talk To Your Daughter*. A coisa mais legal das partes de guitarra no Neo-Soul é que elas combinam diferentes gêneros para formar um "super-gênero"!

Exemplo 3w:

O exemplo final deste capítulo utiliza a escala de B maior com uma passagem de tom cromática em G para adicionar uma tensão extra, que é liberada lindamente no acorde Bmaj9. No áudio há o lick tocado tanto em staccato (na primeira vez) como em legato (na segunda vez). Recomendamos que você pratique ambas as formas.

Exemplo 3x:

Capítulo Quatro – Linhas com Double-Stop

Artista em Foco: Isaiah Sharkey

Em termos de qualidade em Neo-Soul, RnB e Gospel, há poucos músicos que nos inspiram tanto como Isaiah Sharkey. Antes de avançar neste capítulo, assista ao vídeo do YouTube no link abaixo.

https://www.youtube.com/watch?v=lcn9mfMtMfs

Uma característica marcante da guitarra Neo-Soul é o uso dos *double-stops*. Os *double-stops* podem ser tocados de diferentes formas: com uma palheta, com uma palhetada híbrida (palheta e dedos) ou somente com os dedos. Todas essas abordagens produzem um som diferente, portanto experimente com essas opções e descubra qual é a melhor pra você. Incorpore os licks no seu estilo de tocar e os transponha para diferentes tonalidades ou apenas use-os como inspiração para escrever os seus próprios.

Para tocar com uma palheta os licks com *double-stop* deste capítulo, você tem duas opções:

A primeira opção é executar apenas palhetadas para baixo. Se esta técnica for nova para você, esta é a opção mais fácil.

A segunda opção é utilizar a palhetada alternada. É necessário um pouco de prática para tocar os *double-stops* de forma limpa com a palhetada alternada, mas esta abordagem permitirá que você alcance velocidades que seriam impossíveis com as palhetadas pra baixo. Como diz Isaiah Sharkey, com um sorriso no rosto conforme ele facilmente executa palhetadas alternadas em duas cordas de uma vez: "São apenas duas notas, irmão".

Nos cinco primeiros exemplos, do 4a até o 4e, é utilizada a escala pentatônica de A menor (A C D E G) tocada, ao mesmo tempo, em duas cordas adjacentes e há um movimento entre todas as cinco posições do CAGED. Se as posições do CAGED são um assunto novo pra você e você gostaria de obter mais informações sobre como elas são formadas e como utilizá-las, confira o livro *O Sistema CAGED e 100 Licks de Guitarra Blues* de Joseph Alexander.

Conforme você for praticando os exercícios, tente manter ambas as notas no mesmo volume e duração. Como sempre, comece lentamente, aumente o tempo e tente tocar de forma tão limpa quanto possível.

Confira essa técnica fantástica neste vídeo no Instagram!

https://www.instagram.com/p/BWBnbr3husL/

Exemplo 4a:

Exemplo 4b:

Exemplo 4c:

Exemplo 4d:

Exemplo 4e:

Agora que você já está confortável com os desenhos da pentatônica, é hora de irmos mais além. O próximo exemplo mostra um padrão ascendente na escala pentatônica, com duas cordas tocadas ao mesmo tempo.

Uma das melhores coisas do Neo-Soul é que você utiliza elementos de diferentes gêneros. Confira o vídeo de Landon Jordan tocando essa música de Prince cheia de funk e preste atenção ao uso dos riffs com *double-stop*.

https://www.instagram.com/p/Bjf6JJagEz1/?utm_source=ig_share_sheet&igshid=1b4c2dtju8m5o

Exemplo 4f:

O Exemplo 4g mostra um padrão de *double-stop* na escala pentatônica de A maior que salta entre os desenhos para criar diferentes intervalos. É fantástico quantas ideias novas podem ser criadas utilizando apenas desenhos de escala familiares. Memorize esses desenhos antes de continuar com os próximos exemplos.

Exemplo 4g:

O Exemplo 4h mostra outro exercício com *double-stop* utilizando a escala pentatônica de A menor e o salto de cordas. Lembre-se de praticar os licks apresentados neste capítulo junto com as *backing tracks* incluídas neste livro.

Exemplo 4h:

Agora que você já está familiarizado com os padrões, os seguintes exemplos mostrarão licks musicais e frases utilizando os *double-stops* na pentatônica. O Exemplo 4i utiliza novamente a escala pentatônica de A menor.

Exemplo 4i:

O Exemplo 4j mostra uma frase de *double-stop* na escala pentatônica de A menor, que explora várias posições no braço e tem um padrão rítmico memorável. Certifique-se de ouvir o áudio deste exemplo, antes de tocá-lo, pois assim você poderá perceber as sutilezas do fraseado.

Exemplo 4j:

O Exemplo 4k baseia-se na escala pentatônica de C# menor ((C# E F# G# B) e tem um groove sincopado do tipo funk. Certifique-se de executar o *slide* final com o dedo indicador.

Essa ideia foi a base do vídeo de Kristof, disponível em.

https://www.instagram.com/p/BhcjpKtnKP1/?taken-by=kristofneyensguitar

Exemplo 4k:

Até agora, os exercícios neste capítulo foram focados na escala pentatônica. Os próximos exemplos utilizam todas as sete notas da escala maior. O Exemplo 4l utiliza as terças da escala de C maior (C D E F G A B). Faça uma pequena gravação do acorde Cmaj7 e pratique este lick, como mostrado abaixo, depois insira as suas próprias ideias. Lembre-se que uma forma rápida de extrair o máximo destes licks é tocá-los invertidos, do fim até o começo!

Se o conceito de intervalos for algo novo para você e você gostaria de aprender mais sobre ele, confira o livro *Guia Prático De Teoria Musical Moderna Para Guitarristas* de Joseph Alexander.

Exemplo 4l:

O Exemplo 4m mostra como tocar a escala de E maior (E F# G# A B C# D#) em intervalos de terça utilizando apenas as cordas Ré e Sol. Utilizar o intervalo de terça é uma ótima maneira de delinear os acordes, e este lick também funcionaria brilhantemente com o acorde Emja7 ou Emaj9.

Exemplo 4m:

Um recurso popular, no Neo-Soul, com *double-stop* é o uso de um intervalo de quarta. Neste exemplo, a escala de C maior (C D E F G A B) é a base para o lick de *double-stop* frequentemente utilizado. Toque este lick tão suavemente quanto possível.

Exemplo 4n:

O Exemplo 4o baseia-se na escala de A maior (A B C# D E F# G#). Este lick introduz o "abafamento" (colocar a mão gentilmente próximo à ponte para abafar levemente as cordas, para que elas não soem tão alto), P.M. na tablatura, e mostra como isso pode ser utilizado com *double-stops* para evocar o som do Neo-Soul. Recomendamos que você aplique a técnica de abafamento de cordas em todos os exemplos anteriores deste livro.

Exemplo 4o:

Os próximos exemplos mostram o uso de *double-stops* em intervalos de quinta. O Exemplo 4p mostra um padrão de *slide* nas cordas Ré e Sol na escala de E maior. A parte do *double-stop* neste lick funciona bem com o acorde Emaj7 ou Emaj9.

Exemplo 4p:

Para aprender uma nova técnica na guitarra é importante praticá-la de diferentes formas. No exemplo anterior demonstramos o uso de quintas em duas cordas adjacentes. O Exemplo 4q mostra o uso de quintas de E maior em diferentes grupos de cordas. Isto pode ser um pouco desafiador de tocar no início, mas o esforço vale a pena, visto que o som realmente captura o sabor do Neo-Soul.

Exemplo 4q:

Outra escolha popular, no Neo-Soul, de intervalo para os licks de *double-stop* é o intervalo de sexta. O Exemplo 4r é uma ideia rítmica que utiliza tercinas, semicolcheias e colcheias e é baseada na escala de G maior (G A B C D E F#). O som do intervalo de sexta provavelmente será familiar pra você, visto que ele é muito popular no blues, country, pop e também no Neo-Soul.

Exemplo 4r:

O Exemplo 4s demonstra um lick de *double-stop* que utiliza o intervalo de sexta e é baseado na escala de E maior. O segundo compasso tem um movimento cromático que é popular no blues e no Neo-Soul.

Exemplo 4s:

```
T  8-9   10    12   \12   10    9    8-7      8-7   5
A  8-9   11    13   \13   11    9    8-7      8-7   6
B
                        3              3
```

```
                   let ring  let ring  let ring        Eadd9  let ring
                       0         0         0
T  1    2    4        3         2         2        0      (0)
A  2    4    6        5         4         3        0      (0)
B                                                  1      (1)
                                                  4      (4)
                                                  2      (2)
                                                  0      (0)
```

Apesar de os exemplos acima ilustrarem os intervalos mais frequentemente utilizados, quando se toca licks de *double-stop*, vale a pena estudar os exemplos abaixo para explorar novos sons. O Exemplo 4t é baseado na escala de A maior e foca no intervalo de segunda.

Exemplo 4t:

```
                                                       Asus2
            full
T  5                2                              3                0
   7   \5                              4-6              \4          2
                                                                   2
                                                                   0
```

O intervalo de sétima é um tanto dissonante, mas pode ser um elemento extra e divertido para adicionar ao seu repertório de licks de Neo-Soul. O Exemplo 4u demonstra como utilizar o intervalo de sétima com um sabor de Neo-Soul e é baseado na escala de E maior. Pratique este lick com o acorde Emaj7 ou o Emaj9.

Exemplo 4u:

Agora, vamos juntar todas essas ideias com intervalos. Aqui é onde as coisas ficam realmente interessantes. O Exemplo 4v utiliza uma mistura dos intervalos de terça e quarta com a escala natural de D menor (D E F G A Bb C). Essa ideia também funciona muito bem com o acorde Dm7 ou Dm9.

Exemplo 4v:

O Exemplo 4w mostra um lick que ambos amamos tocar. Ele é baseado na escala de C maior e com uma combinação de intervalos de quartas e terças no primeiro compasso. No segundo compasso há o acorde Cmaj7, mas entre cada nota do acorde uma nota da escala de C maior é adicionada. Essa é uma técnica que aprendemos com Beau Diakowicz. Certifique-se de que o acorde Cmaj7 soe claramente no último compasso.

Exemplo 4w:

Os três últimos exemplos deste capítulo vão além dos *double-stops* ao incorporá-los em sequências de acordes e frases. O Exemplo 4x baseia-se na escala de D maior (D E F# G A B C#) e combina os desenhos de acordes, uma linha de nota única e múltiplos *double-stops* pra criar uma bela frase de dois compassos em D maior.

Exemplo 4x:

Uma grande quantidade do conteúdo deste livro pode parecer um pouco distanciada dos licks tradicionais de blues e rock, mas o Exemplo 4y mostra como você pode trazer uma vibe de Hendrix no seu estilo de tocar Neo-Soul. Baseados na escala pentatônica de E maior (E F# G# B C#), os padrões deste lick são reminiscentes de faixas como *The Wind Cries Mary*.

Exemplo 4y:

O Exemplo 4z utiliza a escala de C maior e traz novamente o estilo de Hendrix nos *double-stops*. Ele foi modernizado com mudanças de posição para que soe como Neo-Soul. O principal objetivo deste lick é permitir que todas as notas soem tão claramente quanto possível.

Example 4z:

Confira o trabalho de Curt Henderson e Alexander Coombs, ambos utilizam uma variedade de técnicas, incluindo os *double-stops*. Confira o vídeo de Curt no Instagram no link abaixo.

https://www.instagram.com/p/BiAJbnvB9hZ/?taken-by=curthenderson_

Capítulo Cinco – Grooves

Artista em Foco: Curt Henderson, Todd Pritchard, Kerry "2 Smooth" Marshall e Mark Lettieri

Neste capítulo procuraremos te abastecer com uma riqueza de voicings de acordes e passagens melódicas. E o mais importante, te mostraremos como juntá-los para formar padrões únicos de groove em Neo-Soul. Conforme você for aprendendo os exemplos deste capítulo, experimente e crie os seus próprios grooves baseados em cada um dos exemplos. Lembre-se, quando o assunto é música, se inspirar nos outros é muito importante!

A inspiração para os grooves deste capítulo veio de uma grande gama de músicos incluindo: Curt Henderson, Todd Pritchard, Kerry "2 Smooth" Marshall, Mark Lettieri e muitos outros. Antes de começar a praticar esses grooves, confira esses quatro vídeos que contêm tantos grooves que vai ser difícil parar de executar as batidas com o pé e balançar a cabeça!

https://www.instagram.com/p/Bfq18fYlwMv/?utm_source=ig_share_sheet&igshid=1wv84apb3id8k

https://www.instagram.com/p/BmEqGQBHR_F/?utm_source=ig_share_sheet&igshid=1kkv00hl51fhj

https://www.instagram.com/p/BhW_PX1FlOB/?utm_source=ig_share_sheet&igshid=5t211zqed135

https://www.instagram.com/p/BjpcX04nrIf/?utm_source=ig_share_sheet&igshid=dgd6r1pr7qhc

O Exemplo 5a apresenta um groove em um acorde de nona maior. Uma característica comum do Neo-Soul é ignorar um pouco a teoria de acordes convencional e montar um desenho que soe lindamente em várias tonalidades. Este exemplo apresenta o conceito, ao alterar um desenho de acorde em nona maior nas tonalidades de A, E, G e D.

Adicionalmente, toque este exemplo utilizando o dedilhado, a palheta e a palhetada híbrida (palheta e dedos). O mesmo groove pode soar muito diferente, quando se utiliza essas três diferentes formas de tocar.

Exemplo 5a:

Um truque muito legal utilizado nas partes da guitarra em Neo-Soul é o "quake chord" ou "deslize e faça slides". No Exemplo 5b, toque um desenho de acorde de nona maior e faça um *slide*, da nota do acorde até uma casa abaixo e retorne. Você pode aplicar esta técnica em qualquer desenho de acorde, não apenas nos acordes de nona maior, mostrados no exemplo.

Exemplo 5b:

Emaj9

Amaj9

```
T  |                           7~6~7    0
A  |              8~7~8  7~6~7
B  |  7~6~7  6~5~6
```

```
T  |                                      12~11~12   0
A  |                           13~12~13
B  |           12~11~12  11~10~11
```

Percebemos que um truque comum utilizado no Neo-Soul é tocar os acordes abafados. Coloque, gentilmente, a sua mão sobre as cordas, próximo à ponte, e não as pressione com força. Um abafamento suave funciona muito bem, nesta forma de trabalhar com acordes.

No groove abaixo há um padrão de "chamada e resposta": dois compassos são tocados abafados e nos outros dois compassos se permite que os acordes soem livremente.

Exemplo 5c:

Amaj7   Emaj7   Eadd9   C#m7

P.M. --   *let ring* ---------------

```
           11-13    14    11-13    9        6-8    9    6-8    4           0   0
           11              11                6          6                      0
           12              12                7          7                  9   4
                                                                     11       2
                                                               11             4
```

Amaj7   Am(maj7)

P.M. --

```
   (0)      4—5—7                11-13    14    11-13    9      9    10    9
   (0)      5—6—8                11              11            9         9      9
   (4)                          12              12            10        10
   (2)                                                        12        12
   (4)
```

C#m7   F#m11   Eadd9

```
   0         0         0      (0)      9    10—12—10    9
   0         0         0      (0)      9   (9)  11   9     9
   9         2         1      (1)
   9         2         4      (4)
   9         2         0      (0)
```

53

Um dos nossos sons favoritos em Neo-Soul é a cadência IVm. Apesar de a tarefa de converter o acorde IV, de uma tonalidade maior para uma menor, ser anterior aos Beatles, isso ainda é algo proeminente hoje em dia. Neste exemplo, a progressão de acordes alterna entre os acordes Dmaj7 e Gmaj7 e adiciona o acorde Gm9 (IVm), para criar um forte retorno para o acorde principal Dmaj7.

Exemplo 5d:

O Exemplo 5e ilustra os voicings Maj9 e Maj7 comumente utilizados em E e A e introduz um popular acorde alterado da dominante, em Neo-Soul, na forma G#7#5#9. A adição de *double-stops*, no final do segundo compasso, torna este groove em E maior característico do Neo-Soul.

Exemplo 5e:

Incorporar cordas soltas nos licks é outro recurso utilizado frequentemente no Neo-Soul. Basear-se no E maior é um bom começo para começar a escrever licks na guitarra que incluam cordas soltas, visto que elas realmente se encaixam nesta tonalidade, como demonstrado no Exemplo 5f. Deixe que as cordas Si e Mi (1ª corda) soem soltas, conforme você for mudando de acorde, nos primeiros três compassos deste exemplo.

A transição do A/B para o B13b9 no quarto compasso é realmente uma progressão muito legal de Neo-Soul. Anote-a!

Exemplo 5f:

Agora adicione essa passagem em legato, na escala de E maior (E F# G# A B C# D#), aos acordes do exemplo anterior.

Exemplo 5g:

O Exemplo 5h é um reminiscente da primeira parte de guitarra em Neo-Soul que Simon escutou. Ele ficou instantaneamente hipnotizado pela complexidade e modernidade dos desenhos de acordes das passagens melódicas, assim como você ficará!

Este exemplo, na tonalidade de E menor, utiliza fragmentos de acordes parciais que são predominantemente baseados nas quatro primeiras cordas. Esta é uma estratégia muito comum no Neo-Soul e no Jazz, visto que ela deixa espaço para uma linha de baixo.

Exemplo 5h:

Aqui está uma progressão de acordes no estilo Gospel que inclui acordes com barra e termina com uma suave sequência na escala de D maior (D E F# G A B C#).

Se você gostaria de saber mais sobre os acordes com barra, confira a aula de Simon no link abaixo.

https://www.fundamental-changes.com/Major-slash-chords-video-guitar-lesson/

Exemplo 5i:

Voicings de quartas (acordes compostos inteiramente de quartas) são muito populares no Neo-Soul. O acorde G#m11, no começo do primeiro compasso, e o E6/9, no começo do segundo, são os dois desenhos de acordes de quarta mais utilizados neste gênero. Isso te dará um voicing que pode ser utilizado entre as cordas Lá tônica e Ré tônica.

Exemplo 5j:

O Exemplo 5k apresenta alguns belos voicings de acordes, baseados predominantemente no vamp em Dmaj7. A adição de acordes diminutos no sexto compasso é outro truque com acordes utilizado no Neo-Soul, visto que eles adicionam um senso de dissonância, mas também atuam como acordes de passagem, entre o Dmaj7 e o Bm7.

Exemplo 5k:

Bm9 Em9 A13

O Exemplo 5l inclui um dos nossos favoritos truques com acordes deste livro. O *slide* utilizando um acorde Cmaj9 no primeiro compasso é uma técnica que frequentemente incluímos em nossas composições. Certifique-se de adicioná-la ao seu repertório! Esta sequência de acordes está na tonalidade de C maior tem um vibe reminiscente do RnB de Kerry "2 Smooth" Marshall, Spanky Alford e Isaiah Sharkey.

Exemplo 5l:

Fmaj7 Cmaj9 Dm7 Cmaj7

Simon escutou esses voicings de acordes, no estilo Gospel, pela primeira vez, com uma nota pedal aguda E tocada pelo incrível violonista Tommy Emmanuel. No Exemplo 5m tente deixar nota aguda E soar tão claramente quanto possível, conforme você for mudando de acorde.

Exemplo 5m:

E6 B G♯ C♯m9 Amaj7 G♯m7 F♯m7 Eadd9

Este é um exemplo na tonalidade de Si menor e reúne muitas das técnicas, já mostradas neste livro, em quatro compassos, incluindo os voicings de acordes de Neo-Soul, as técnicas de legato e os double-stops. Quanto mais grooves como esse você decorar, melhor será. Escolha os seus favoritos e dedique um tempo para memorizá-los.

Pratique individualmente cada mudança de acorde no Exemplo 5n e complete este exemplo lentamente, principalmente se esses desenhos de acordes forem novos para você.

Exemplo 5n:

Quando você estiver praticando o Exemplo 5o, toque as linhas em legato separadas dos acordes, antes de juntar os dois. Tente alcançar um som "fluido" quando você estiver tocando este exemplo. Imagine que você está criando o som de uma cachoeira quando estiver completando os *hammer-ons* e *pull-offs* da escala de E maior (E F# G# A B C# D#).

Exemplo 5o:

O groove do Exemplo 5p foi baseado em um vídeo de Simon.

https://www.instagram.com/p/Bh_kJtLFWAC/?taken-by=simeygoesfunky

O groove mais longo está na tonalidade de G menor e baseia-se na progressão de três acordes: Ebmaj9, Bbmaj9 e Gm11. A escala pentatônica de G menor (G Bb C D F) oferece as principais notas para os licks de nota única e de *double-stops*, mas há ocasionais notas de passagem que dão uma cor extra.

Exemplo 5p:

Frequentemente, uma parte de acordes em Neo-Soul incluirá uma frase melódica que é geralmente tocada nas cordas Si e Mi (1ª corda). Confira, no Exemplo 5q, como isso é alcançado na tonalidade de Eb maior.

Com este exemplo, talvez você considere mais fácil aprender os desenhos dos acordes primeiro, e, depois, as linhas melódicas nas cordas Si e Mi separadamente. Apenas junte as partes quando você estiver confortável com ambas.

Exemplo 5q:

Há alguns belos voicings incluídos no Exemplo 5r. Os voicings de sétima maior, no segundo compasso e no terceiro, e o voicing 13b9, no final do quinto compasso, valem a pena ser adicionados ao seu arsenal de acordes.

Exemplo 5r:

Este exemplo apresenta um dos nossos grooves favoritos deste capítulo. Ele é baseado na tonalidade de B menor e a maior parte do groove utiliza a escala pentatônica de B menor (B D E F# A). No segundo compasso, o groove move-se brevemente para um A menor, onde um padrão popular descendente em Neo-Soul é executado na Escala Blues de A (A C D Eb E G). O lick termina, no quarto compasso, com uma sequência na escala alterada de F# (F# G A Bb C D E). Este lick tem um som muito moderno e certamente impressionará os seus amigos!

Recomendamos que você toque este exemplo utilizando a palhetada híbrida (palheta e dedos).

Exemplo 5s:

Quando estávamos estudando e preparando o conteúdo deste livro, investimos muito tempo estudando os voicings de acordes de jazz, como também os tradicionais artistas de Neo-Soul. Essa ideia foi inspirada em Barry Galbraith, que é certamente um dos maiores guitarristas de jazz que já existiu, apesar de ainda ser desconhecido pela maioria dos guitarristas. Recomendamos fortemente que você confira o seu livro, *Guitar Comping*, mas tenha em mente que é um livro que possui apenas partitura, ou seja, não possui tablaturas.

O Exemplo 5t está na tonalidade de E maior e utiliza um conjunto complexo de acordes alterados da dominante que fornecem bastante tensão nos dois primeiros compassos, que cessa no Emaj9 no terceiro compasso. Certifique-se de montar corretamente o acorde com pestana, no quarto compasso, e o mantenha pressionado conforme você for executando os padrões em legato.

Exemplo 5t:

Às vezes, os desenhos de acordes utilizados no Neo-Soul soam fantásticos quando se utiliza um padrão em arpejo, como demonstrado no Exemplo 5u, mas não funcionam tão bem quando tocados com padrões de batida. Quando você estiver tocando os seus próprios grooves em Neo-Soul, experimente os arpejos e as batidas (ou uma combinação de ambos) e veja o que soa melhor. Este groove está na tonalidade de G# menor.

Exemplo 5u:

C#m11

D#m7

O Exemplo 5v está na tonalidade de D menor e ilustra a técnica de abafamento em acordes com pestana. Em outros gêneros, como o rock, é muito comum utilizar o abafamento em notas únicas, mas o Neo-Soul eleva essa técnica a um outro nível e a aplica em acordes com múltiplas cordas. Primeiramente, implemente-a neste exemplo e depois retorne aos grooves, mostrados neste capítulo, e veja se a adição do abafamento dá a ele um sabor diferente.

Exemplo 5v:

A7   Dm7   Gdim7   Bb/C

P.M.

A7   Dm7   Gdim7   Bb/C

P.M.

Você já deve ter percebido que a combinação de acordes e passagens compõem uma grande parte do Neo-Soul. Algo que é importante ter em mente é que as passagens que você utiliza entre os acordes nunca devem tirar a atenção do groove. Para conseguir disciplina nesta área, certifique-se de tocar todos os exemplos deste livro com um metrônomo e preste atenção para assimilar bem as transições e o groove.

O Exemplo 5w está na tonalidade de E maior e foi inspirado nos vídeos de Todd Pritchard. Além de utilizar os exemplos deste livro, também recomendamos que você siga no Instagram os artistas mencionados e absorva deles o maior número possível de ideias.

Exemplo 5w:

Tocar guitarra em quarteto (um subgênero da música Gospel) está tão intimamente ligado ao Neo-Soul que gostaríamos de incluir um groove mais longo nesse estilo. Esta composição está na tonalidade de E e utiliza acordes com barra em um padrão descendente de linha de baixo. Assista ao Simon tocando-a no vídeo abaixo.

https://www.fundamental-changes.com/neo-soul-videos/

Example 5x – Better In Fours:

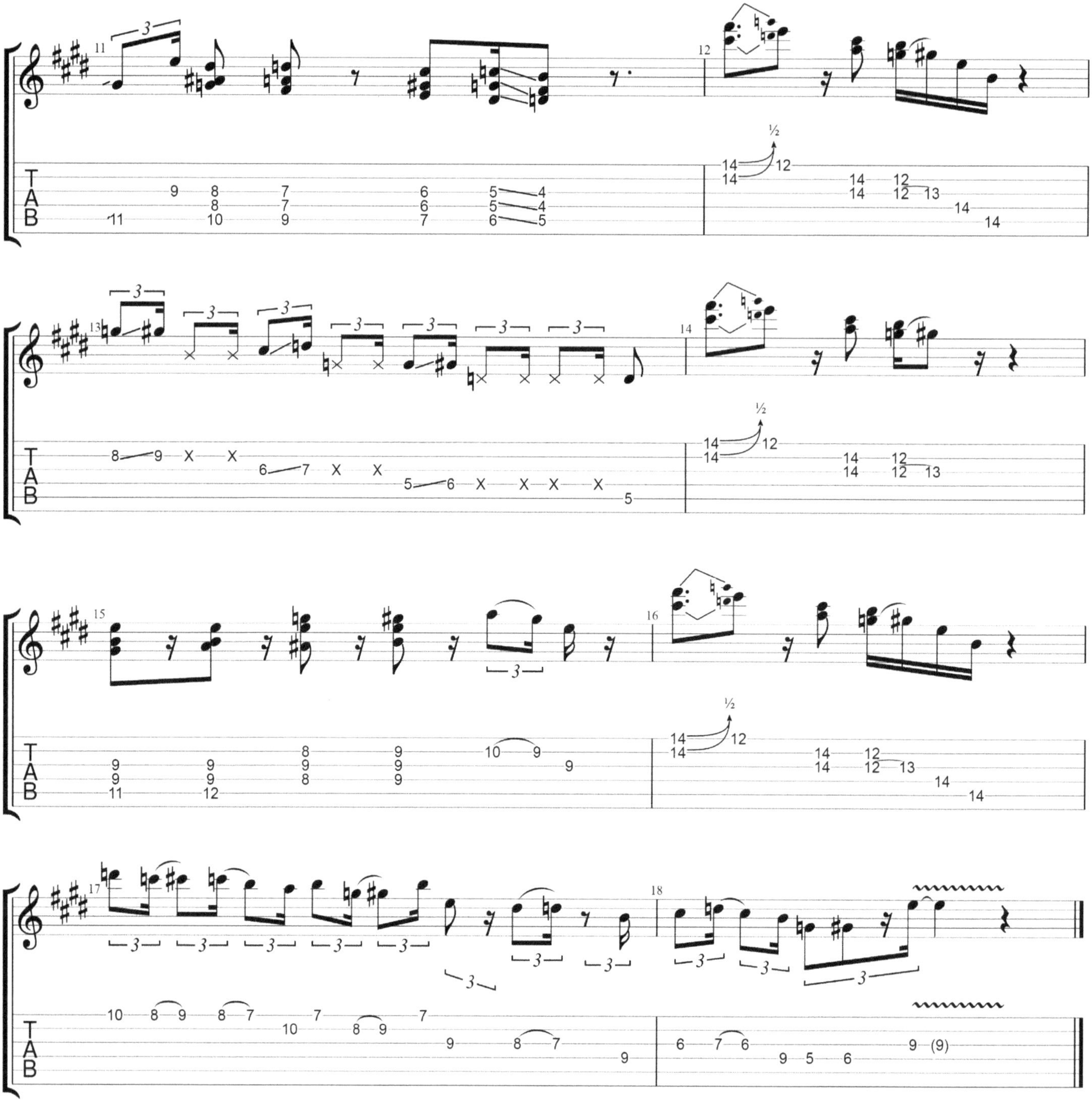

Capítulo Seis – Técnicas Adicionais

Artista em Foco: Justus West

Até agora estudamos muitas das diferentes técnicas de Neo-Soul, mas neste capítulo levaremos a sua forma de tocar a outro nível! As técnicas adicionais deste capítulo incluem um olhar mais aprofundado ao *"chord quake"*, *hammer-ons from nowhere*, notas de aproximação cromática, tapping, harmônicos naturais, harmônicos artificiais e muito mais. Não se preocupe, cada técnica é ilustrada com um vídeo e notações. Certifique-se de assistir cada vídeo, conforme você for progredindo nas técnicas. (https://www.fundamental-changes.com/neo-soul-videos/)

Antes de iniciar este capítulo, assista ao Justus West no Instagram abaixo. Garantimos que você ficará impressionado com a sua forma de tocar.

https://www.instagram.com/p/Bjq7dL1ltG7/?hl=en&taken-by=justus.west

O Exemplo 6a mostra o famoso chord quake, mencionado no Capítulo Cinco. Os *slides* velozes devem ser executados, enquanto você executa os desenhos dos acordes, descritos acima da música. Toque a primeira nota do acorde, em seguida faça um *slide* uma casa abaixo e retorne para a nota do acorde. Toque o próximo acorde, permitindo que a primeira corda que você tocou soe e assim por diante. Você deve ouvir um efeito cascada bem sutil. Certifique-se de tocá-lo de forma tão limpa quanto possível, antes de aumentar a velocidade. Se esta técnica for nova para você, recomendamos que você dedique um tempo para praticar cada compasso individualmente, antes de combiná-los todos.

Exemplo 6a:

Até agora, demonstramos a técnica do *chord quake* ao selecionar notas individuais de um voicing de acorde maior. O Exemplo 6b demonstra como aplicar essa técnica utilizando *double-stops* na escala de E maior (E F# G# A B C# D#). Este exemplo funcionará particularmente bem com o acorde Emaj7 ou Emaj9.

Exemplo 6b:

Agora vamos inserir o *chord quake* em um contexto mais musical, ao adicioná-lo em uma linha mais longa baseada na escala de C maior (C D E F G A B). Certifique-se de pressionar bem o acorde Cmaj7 no segundo compasso quando for executar o *chord quake*.

Exemplo 6c:

O Exemplo 6d demonstra um vibrato com *slide* que ficou famoso graças ao mestre do rock fusion Greg Howe. Ele não é conhecido por tocar Neo-Soul, mas é muito associado com este tipo de vibrato e a técnica é frequentemente utilizada por guitarristas de Neo-Soul. O objetivo é realizar os *slides* fora da casa (usualmente pra cima) e depois retornar para a altura. Não mova os dedos dentro da casa para criar o vibrato, em vez disso, faça um *slide* para cima, fora da casa, e retorne para a altura. Faça isso rapidamente, muitas vezes, para criar um vibrato mais forte. Para ver essa técnica em ação, assista ao vídeo abaixo.

O Exemplo 6d ilustra esta técnica com um lick baseado na Escala Blues de A (A C D Eb E G). Este lick funcionará bem com o acorde Am7 ou Am9.

https://www.fundamental-changes.com/neo-soul-videos/

Exemplo 6d:

Podemos levar a ideia de Greg Howe a um outro nível e utilizá-la com *double-stops*. O Exemplo 6e é uma frase baseada na escala pentatônica de G# menor (G# B C# D# F#) composta inteiramente de *double-stops*. Ela utiliza *hammer-ons*, *slides* e o vibrato de Greg Howe que lhe dá o som do Neo-Soul. Este lick funciona bem com o acorde Gm7 ou Gm9.

Ouça o áudio do próximo exemplo, mas sinta-se livre para experimentar com a duração e os intervalos do seu vibrato. Ele soa diferente quando você realiza, uma vez, o *slide* entre as casas 4ª e 5ª (vibrato sutil), comparado com o *slide* entre as casas 4ª e 6ª, realizado múltiplas vezes (vibrato pesado). Você pode executar os *slides* em intervalos maiores, se esse é o som que te agrada!

Exemplo 6e:

O Exemplo 6f é uma divertida progressão de acordes em D maior que incorpora o uso do acorde aumentado no primeiro compasso. Isso adiciona uma tensão que cessa no acorde Bm9 no segundo compasso. Neste exemplo, a técnica do *chord quake* é aplicada ao desenho completo do acorde de C#dim7 (no fim do segundo compasso).

Exemplo 6f:

A próxima técnica que veremos é uma abordagem mais avançada dos truques com acordes de RnB que vimos no Capítulo Dois. É uma prática comum no Neo-Soul reduzir um acorde. O Exemplo 6g demonstra esta abordagem baseada no voicing de acorde Cmaj7. Tente tocar cada nota claramente e utilize a palhetada alternada para tocar este exercício.

Exemplo 6g:

O Exemplo 6h foi baseado principalmente na escala pentatônica de C maior (C D E G A) e introduz a popular técnica de *hammer-ons from nowhere*.

Os *hammer-ons* e *pull-offs* ajudarão você a conseguir mais velocidade, especialmente os "*hammer-ons from nowhere*" que farão os seus licks soar mais fluentes. A mão que faz a digitação faz quase todo o trabalho neste exemplo. Quando estiver mudando de corda, faça um *hammer-on*, sem palhetar, e tente fazer com que todas as notas tenham o mesmo volume. Termine o lick com um *chord quake* utilizando o acorde Cmaj9. Toque isso livremente, visto que o segredo aqui é a fluidez.

Exemplo 6h:

O Exemplo 6i demonstra uma progressão de acordes na tonalidade de D maior que se baseia fortemente no uso de padrões em legato, com a mão que faz a digitação, para criar um som fluido. Apesar de isso parecer complicado no início, o segundo compasso parecerá familiar a você, pois já estudamos este padrão no Exemplo 6g; agora, no entanto, ele é tocado em D maior, em vez de C maior.

Exemplo 6i:

O Exemplo 6j mostra uma linha em legato muito legal baseada na escala de C maior. A primeira metade do primeiro compasso apresenta uma sequência em legatos baseada no acorde Em11. A segunda metade do compasso ascende com uma mistura de um arpejo (F A C E) em Fmaj7 e um arpejo (C E B G) em Cmaj7, antes de cessar no voicing Cmaj7, nas quatro primeiras cordas.

Exemplo 6j:

Os dois exemplos seguintes utilizam notas de aproximação cromática com linhas de *double-stops*. Inicie em um semitom abaixo das notas dos acordes, toque uma casa acima e retome as notas. Faça abafamentos nessas passagens para controlar o volume das notas de aproximação e deixe que as últimas notas soem para reforçar a tonalidade. Se essa forma de tocar os *double-stops* for algo novo pra você, recomendamos que você a execute com palhetadas para baixo.

Exemplo 6k:

O Exemplo 6l mostra um padrão de *double-stop* com múltiplas cordas abafadas. Apesar de o final do compasso cessar lindamente no D maior, o resto do compasso também soa bem com um acorde de E maior ou o E7.

Exemplo 6l:

Ainda que o tapping seja uma técnica que não é muito associada com o Neo-Soul, ela pode criar alguns sons muito interessantes e permite que nós incluamos notas em nossas linhas que não seriam possíveis de incluir de outra forma. O Exemplo 6m mostra um acorde com pestana de E maior utilizando o desenho E do CAGED na 12ª casa, enquanto executa um tapping em todas as cordas na 16ª casa. Todo o som é criado pela mão que toca, enquanto a mão da digitação apenas mantém o acorde. Abaixo está um link para um vídeo que dá uma descrição detalhada desta técnica.

https://www.fundamental-changes.com/neo-soul-videos/

Exemplo 6m:

O próximo lick utiliza mais de um dedo da mão que toca. Para a maioria das pessoas será mais fácil utilizar os dedos médio e anelar, especialmente se você está segurando uma palheta, mas teste outras combinações com os dedos (indicador e médio, indicador e anelar, médio e mínimo) para descobrir qual é a melhor para você. A ideia do lick permanece a mesma. Mantenha o acorde com pestana de E maior pressionado na 12ª casa, enquanto realiza o tapping com a mão que toca, mas agora execute o tapping em duas cordas ao mesmo tempo.

Exemplo 6n:

Quando você estiver confortável utilizando ambas as mãos no braço da guitarra, vá para o Exemplo 6o e aplique essa técnica em um contexto mais musical. Esse exemplo tem um groove levemente ritmado e está na tonalidade E maior, dessa forma cada mini-lick pode ser tocado com o acorde de Emaj7 ou Emaj9. Note a utilização do tempo 6/4. Ouça como Kristof toca este exemplo no áudio, para que você possa capturar o ritmo do tempo 6/4, antes de tocá-lo.

Exemplo 6o:

Os harmônicos naturais estão todos disponíveis no braço da guitarra. O Exemplo 6p ilustra algumas ideias de como utilizá-los com uma progressão de acordes na tonalidade de G maior.

Para saber mais sobre os harmônicos naturais confira abaixo o excelente artigo de Rob Thorpe sobre o assunto.

https://www.fundamental-changes.com/natural-harmonics-part-2/

A última batida do terceiro compasso é um "*bend atrás do nut*". Para completar este *bend*, pressione a corda atrás do nut para elevar o harmônico em um semitom.

Exemplo 6p:

Harmônicos naturais são belos, mas o seu uso pode ser um pouco limitado. A resposta a esta limitação é a utilização dos harmônicos artificiais. Certifique-se de assistir o vídeo para uma explicação detalhada sobre como criar harmônicos artificiais, uma vez que há mais de uma forma de criá-los.

A forma mais fácil, para músicos que utilizam palheta, de executar os harmônicos é segurar a palheta entre o dedo polegar e médio. Quem utiliza o dedilhado pode utilizar a unha do polegar da mão que toca.

Coloque o indicador doze casas acima da nota pressionada e pressione a corda levemente, ao mesmo tempo em que a toca com a palheta ou o polegar. Por exemplo, pressione a corda Sol na 7ª casa e pressione levemente, com o dedo indicador da mão que toca apontado para o traste, a 19ª casa da mesma corda. Agora toque a corda, atrás do dedo indicador, com a palheta ou o polegar. O resultado deve ser um som familiar a um harmônico natural.

Tente executar a palhetada no harmônico artificial de forma limpa, antes de avançar para o Exemplo 6q. Este exemplo introduz esses doces harmônicos com uma progressão na escala de E maior. Preste uma atenção extra ao último compasso, visto que os harmônicos são tocados, desta vez, sete casas acima das notas pressionadas para criar um intervalo diferente.

https://www.fundamental-changes.com/neo-soul-videos/

Exemplo 6q:

O Exemplo 6r demonstra uma execução diferente dos harmônicos artificiais. O "slap tap" significa que você precisa dar um tapa ou tocar o traste doze casas acima da nota pressionada. Isso também é explicado em detalhe no vídeo incluído.

Este exemplo está na tonalidade de E maior e Kristof o gravou em 70 bpm. Você pode praticar todos os licks deste livro em diferentes tempos, à medida que você for se acostumando com eles.

Exemplo 6r:

Os próximos cinco exemplos combinam as técnicas acima com alguns voicings de acorde muito interessantes. O Exemplo 6s está na tonalidade de G maior e utiliza a escala pentatônica de G maior (G A B D E) com alguns cromatismos para criar uma moderna frase em Neo-Soul. Recomendamos que você pratique individualmente os desenhos dos acordes, mostrados nesse exemplo, antes de tocar o exemplo completo.

Exemplo 6s:

O Exemplo 6t é uma mistura de tapping com voicings de acordes que se baseia na tonalidade de D maior. Utilize dois dedos da mão que faz a digitação para executar um tapping na corda Mi (1ªcorda) nas casas 17ª e 19ª. Você também pode fazer um *slide* da 17ª casa para a 19ª casa ou o contrário, se você preferir. A fluidez que essas técnicas adicionais podem produzir é uma grande parte do complexo som de Neo-Soul. Para conferir esta técnica em ação, assista ao vídeo abaixo.

https://www.instagram.com/p/Bh9-CN6nyIa/?taken-by=kristofneyensguitar

Exemplo 6t:

Há duas formas principais de tocar rapidamente na guitarra: tocar rigidamente um padrão rítmico, tão rápido quanto você puder, ou inserir num compasso tantas notas quanto possível, e se certificando de tocar numa batida específica. O Exemplo 6u demonstra a segunda forma de tocar rápido, ao colocar muitas notas em um compasso. Certifique-se de tocar corretamente na terceira batida quando estiver completando este exemplo.

O Exemplo utiliza a escala de C maior (C D E F G A B) e funciona bem com o acorde Cmaj7 ou Cmaj9.

Exemplo 6u:

O Exemplo 6v combina legatos, *hammer-ons from nowhere*, *triple-stops* e harmônicos na tonalidade de C maior (C D E F G A B C). Com uma grande quantidade de licks e frases em Neo-Soul, o terceiro compasso foi feito para ser tocado livremente, portanto não se preocupe em tocar completamente no clique correto, quando for tocar este exemplo.

Exemplo 6v:

O último exemplo deste capítulo é o mais avançado. Ele busca combinar muitas das diferentes técnicas que já estudamos sem sacrificar a sua musicalidade. O lick é baseado em F maior e utiliza a escala de F maior (F G A Bb C D E) no primeiro e segundo compasso, com algumas passagens de notas cromáticas. O terceiro compasso combina um arpejo (Bb D F A) em Bbmaj7 e um arpejo (Bb Db F) em Bbm para criar a cadência IVmaj e IVm. O exemplo termina com um lindo padrão ascendente com double-stop em F maior.

Certifique-se de escutar o áudio de exemplo, visto que na segunda vez ele é tocado em tempo livre. Experimente com este lick e faça com que cada nota soe tão limpa quanto possível.

Exemplo 6w:

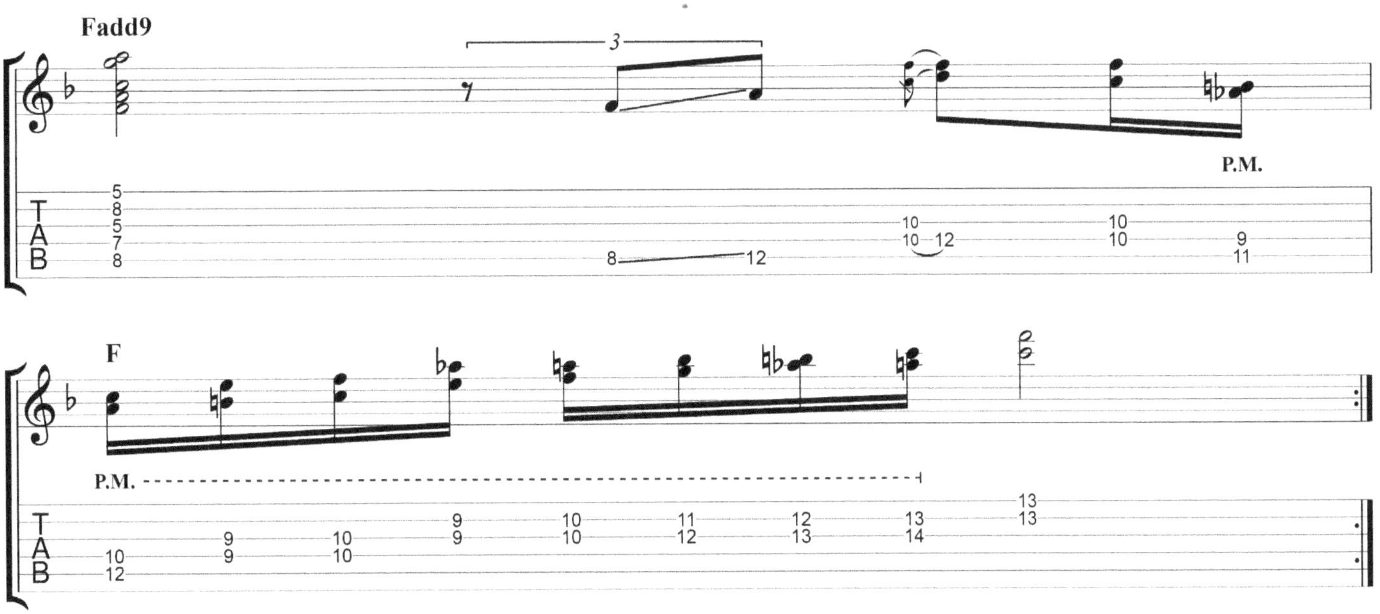
Fadd9
P.M.
F
P.M.

Capítulo Sete – Mark Lettieri – "Coastin'"

É uma honra poder incluir um capítulo sobre um dos nossos heróis da guitarra. Mark Lettieri está entre os músicos mais inovadores, musicais e técnicos, e estão incluídas neste livro duas faixas originais escritas por ele para que você possa praticar.

Coastin' está na tonalidade de D maior (D E F# G A B C#) e tem um groove funk e relaxado. Ela é composta por voicings de acordes de jazz, passagens em legato e técnicas únicas de Lettieri, como o uso do tremolo. Leia as dicas a seguir, antes de tocar esta música, e se certifique de assistir ao vídeo completo abaixo.

https://www.fundamental-changes.com/neo-soul-videos/

A faixa começa com acordes de sétima maior e menor, com um groove sincopado na tonalidade de D.

Mark utiliza bastante o tremolo no começo de *Coastin'*. Por exemplo, no terceiro compasso, toque o acorde Bm7add9 e faça um *slide*, de um tom, para tocar o C#m7add9. Quando você tiver executado o *slide*, mova o tremolo um tom abaixo, antes de soltá-lo para retornar à altura. Mark utiliza essa ideia frequentemente e ela é uma técnica divertida para você adicionar ao seu estilo de tocar Neo-Soul.

Voicings de acordes que utilizam apenas as três ou quatro primeiras cordas são utilizados frequentemente no Neo-Soul, como demonstrado nesta faixa. Pratique-os com o abafamento e também com as notas soando livremente.

O uso de cordas soltas é muito popular na música de estilo gospel. Os compassos décimo quarto e décimo sétimo possuem desenhos de acordes que incluem as cordas soltas Si e Mi (1ª corda).

Mark foi gentil o bastante para criar também uma *backing track* desta música, para que você possa tocar perfeitamente a música que ele gravou!

Além das faixas incluídas neste livro, confira o álbum de Mark *Spark and Echo* para apreciar o seu estilo cheio de grooves e sabor.

Divirta-se!

Coastin' – Música Completa

C♯m7
B
Amaj7
G♯(♯5♯9)
C♯m/E
P.M.
Badd11
w/bar
-½
C♯m
F♯m7add11
G♯m7♯5
let ring
let ring
G♯m
D7(add11 /13)
F♯m9
B7♯5

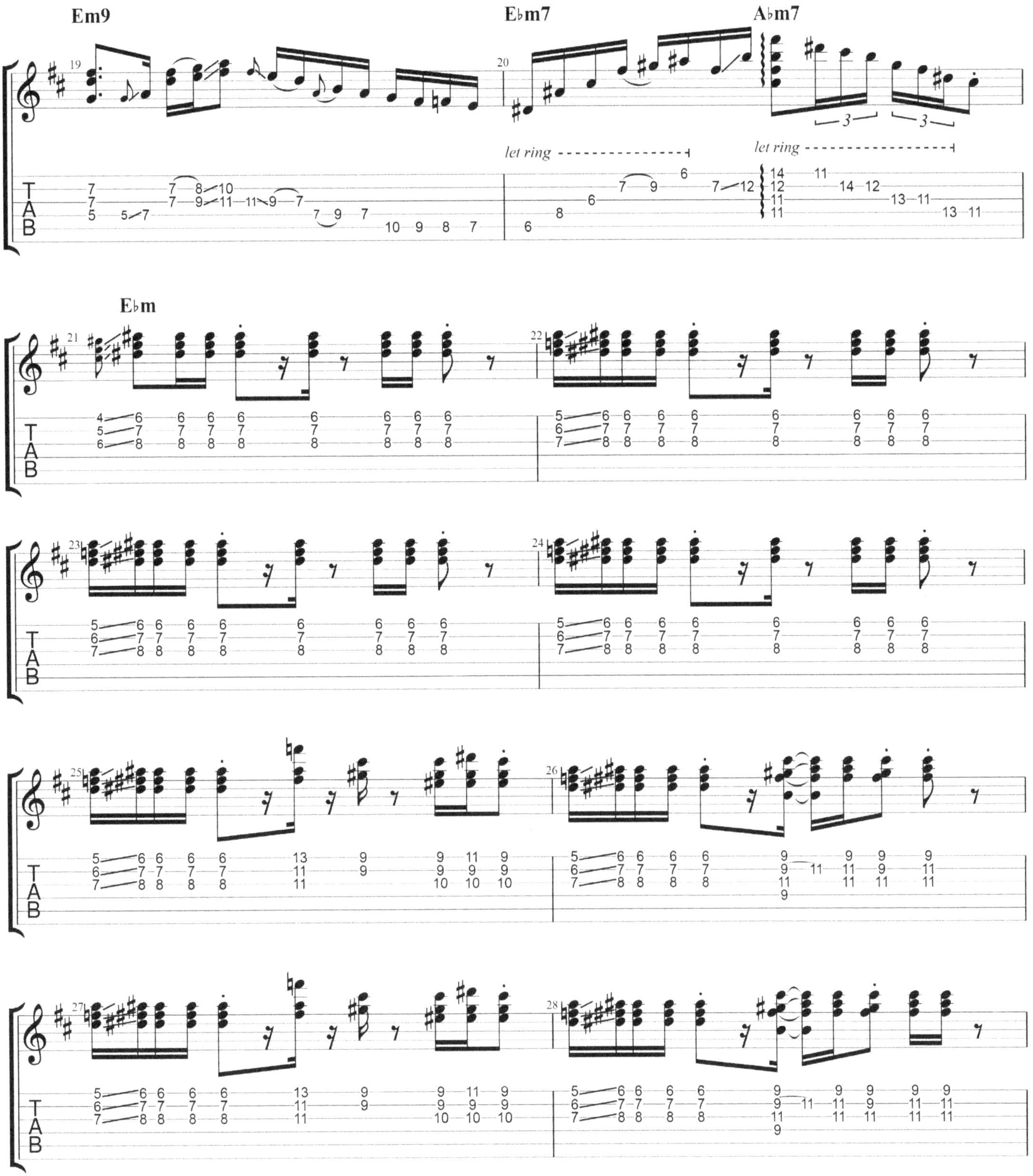
Em9
E♭m7
A♭m7
let ring
let ring
E♭m

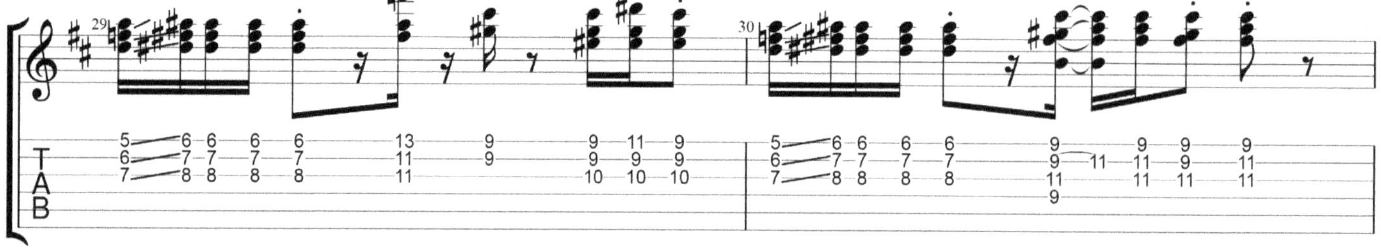

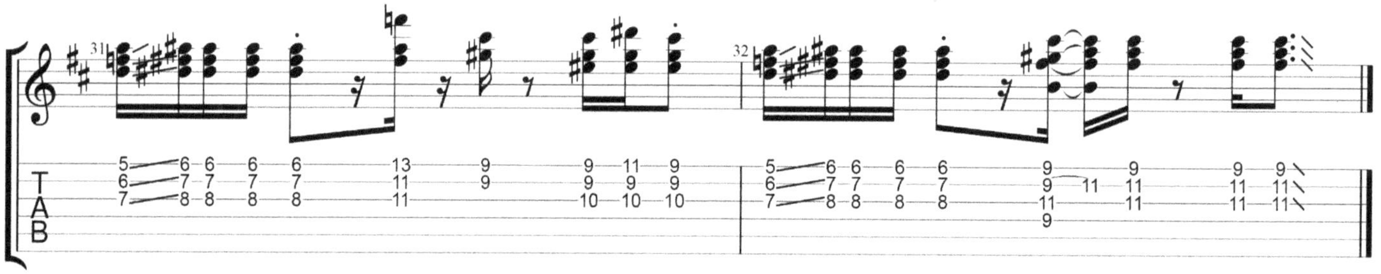

Capítulo Oito – Kristof Neyens – "Fat Rat"

Fat Rat está na escala de B maior (B C# D# E F# G# A#) e inclui interessantes voicings de acordes, linhas de nota única com legato, *double-stops*, harmônicos artificias e muitas outras técnicas já estudadas neste livro. Esta música foi escrita para salientar o ritmo de "empurre e puxe" da batida, que é muito proeminente no Neo-Soul. *Fat Rat* mostra que a firmeza não é sempre necessária para capturar a vibe do Neo-Soul. Confira o vídeo completo para assimilar adequadamente o ritmo e a vibe.

https://www.fundamental-changes.com/neo-soul-videos/

Antes de tocar a faixa *Fat Rat,* leia as dicas abaixo:

O segundo compasso exibe uma combinação de linha de nota única, delineando um arpejo (B D# F# A# C#) em Bmaj9, com uma linha de *double-stop*. Tente tocar este lick de forma tão limpa e suave quanto possível, antes de aumentar a velocidade. Suavidade é a chave para entender essa música.

Observe o verso desta música. As funções harmônicas são: Imaj7 (Bmaj7), bVIImaj7 (Amaj7), VIm7 (G#m7), V7sus (F#7sus) e V7 (F#7). No Amaj7 há uma linha de nota única que termina com um vibrato no estilo de Greg Howe, que vimos no Capítulo Seis.

O refrão move-se do E para D#7 e para o G#m7. O último lick inclui os harmônicos artificiais. Os harmônicos são tocados com a palheta e o dedo indicador, enquanto que o anelar da mão que toca dedilha a primeira das notas pressionadas. Ele é seguido de um *pull-off* da mão que faz a digitação.

Se você estudou consecutivamente os exemplos deste livro, você perceberá que essas músicas serão muito mais fáceis de dominar!

Para escutar mais do som de Kristof, confira abaixo a sua, muito popular, página no Instagram.

https://www.instagram.com/kristofneyensguitar/?hl=en

Fat Rat – Música Completa

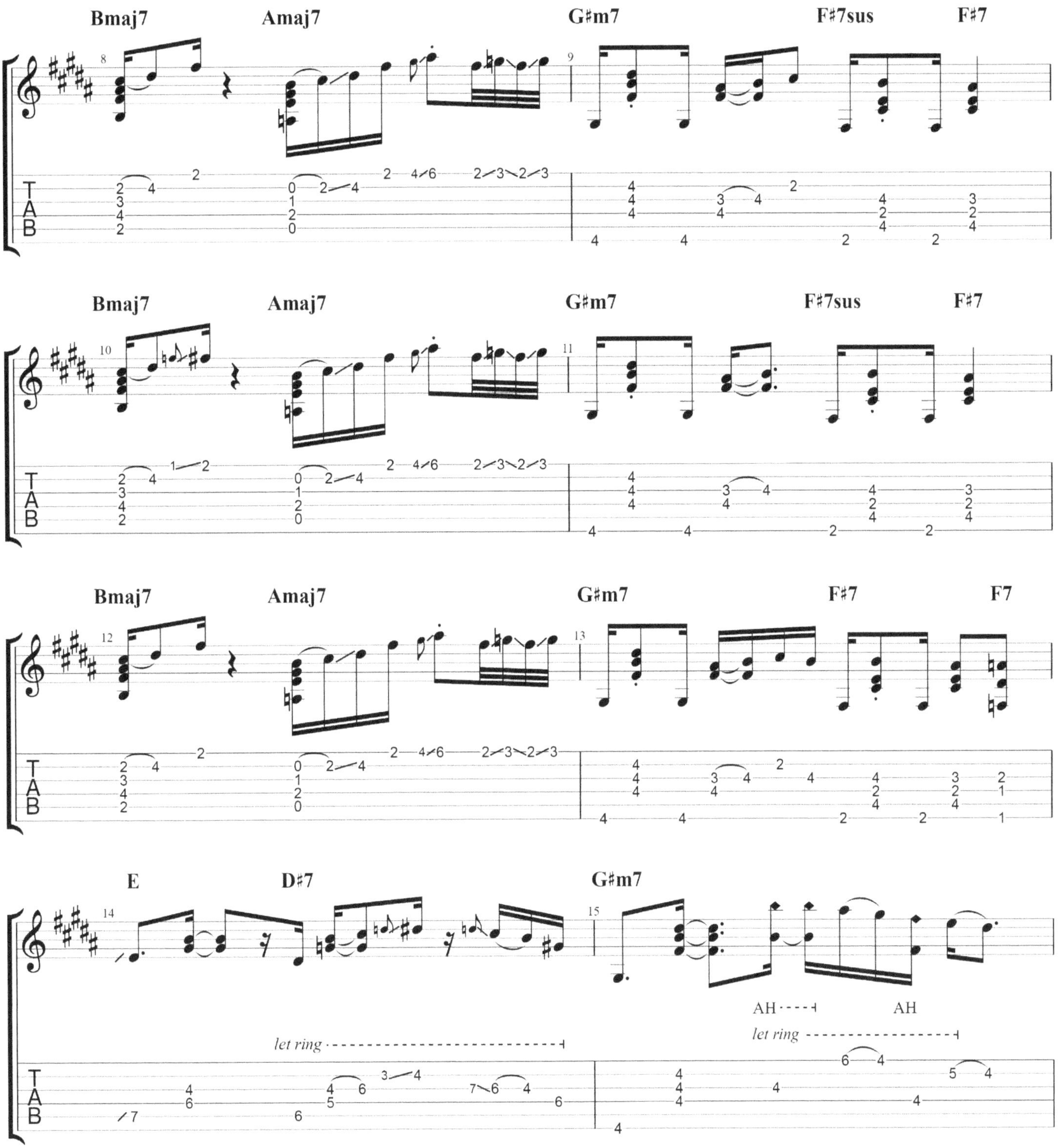

Bmaj7
Amaj7
G#m7
F#7sus
F#7
Bmaj7
Amaj7
G#m7
F#7sus
F#7
Bmaj7
Amaj7
G#m7
F#7
F7
E
D#7
G#m7
AH
AH
let ring
let ring

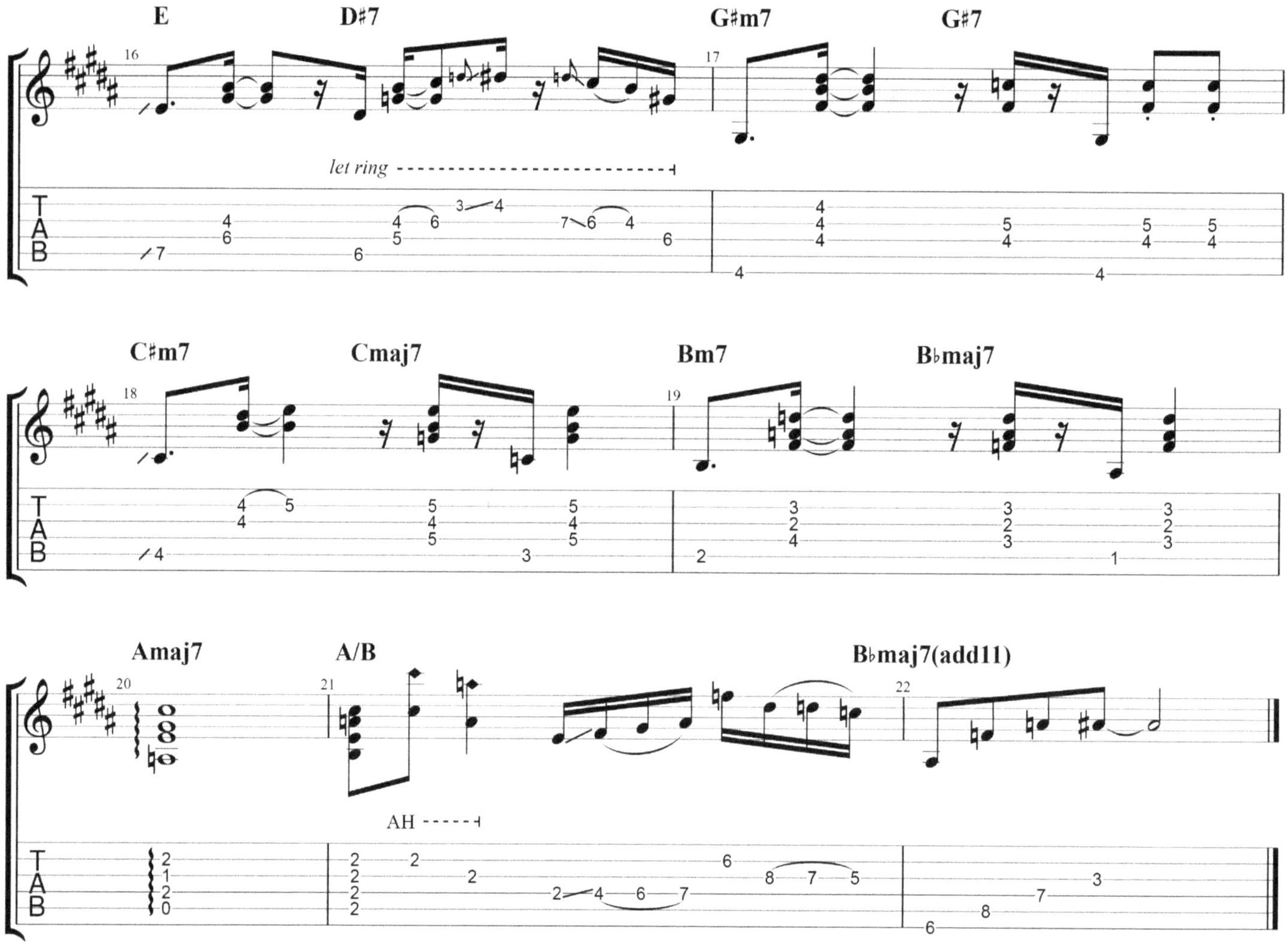
E
D♯7
G♯m7
G♯7
let ring
C♯m7
Cmaj7
Bm7
B♭maj7
Amaj7
A/B
B♭maj7(add11)
AH

Capítulo Nove – Simon Pratt – "Get Hip"

Get Hip está na tonalidade de Eb menor e baseia-se bastante na utilização da escala pentatônica de Eb menor (Eb Gb Ab Bb Db). Simon criou esta música para salientar as técnicas de notas únicas, *double-stops* e passagens de acordes em legato. Apesar de haver muitos ornamentos nesta música, o foco sempre retorna para o groove central de três acordes: Abm11, Bbm11 e Ebm7.

Recomendamos que você veja como Simon toca esta música, no vídeo incluído neste livro, e leia as dicas abaixo, antes de tocá-la.

https://www.fundamental-changes.com/neo-soul-videos/

Primeiro compasso: se as notas com *double-stops* estiverem soando muito alto, toque-as abafadas.

Segundo e terceiro compassos: os acordes Abm11, Bbm e Ebm7, exibidos nesses compassos, atuam como o groove principal de toda a música. Certifique-se de dominar este padrão antes de continuar.

Quinto compasso: preste atenção aos símbolos de "let ring" e de "abafamento (P.M.)" exibidos no compasso.

Nono compasso: aprenda a longa linha exibida nesse compasso em poucas notas por vez, no tempo de 50 bpm, antes de aumentar a velocidade.

Compassos décimo nono e vigésimo: aprenda a longa linha de nota única e o lick com *double-stops* nesses compassos, divida-os em partes de quatro notas e as junte aos poucos.

Para ver mais das ideias de Simon, confira o seu Instagram abaixo.

https://www.instagram.com/simeygoesfunky/

Get Hip – Música Completa

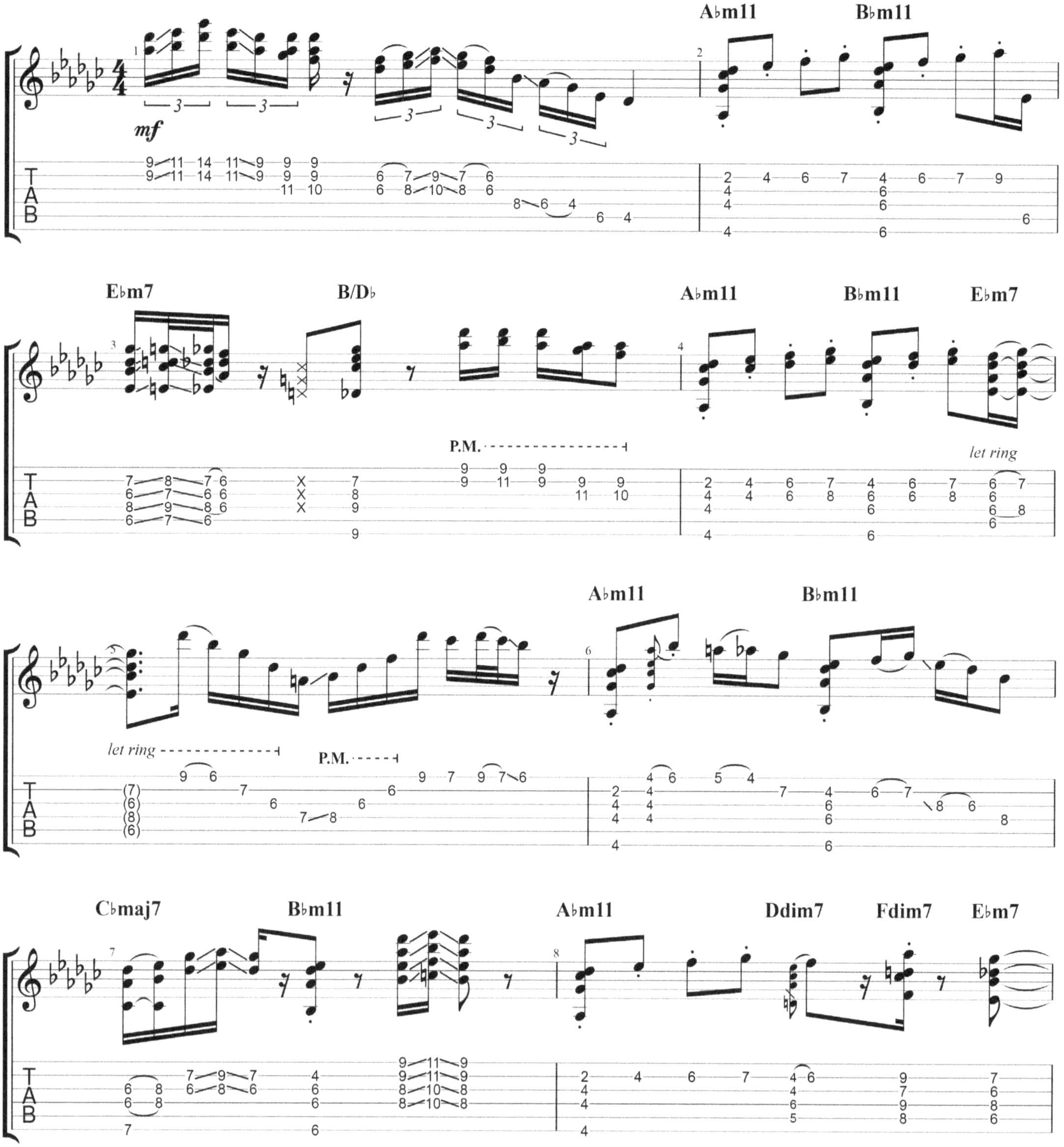

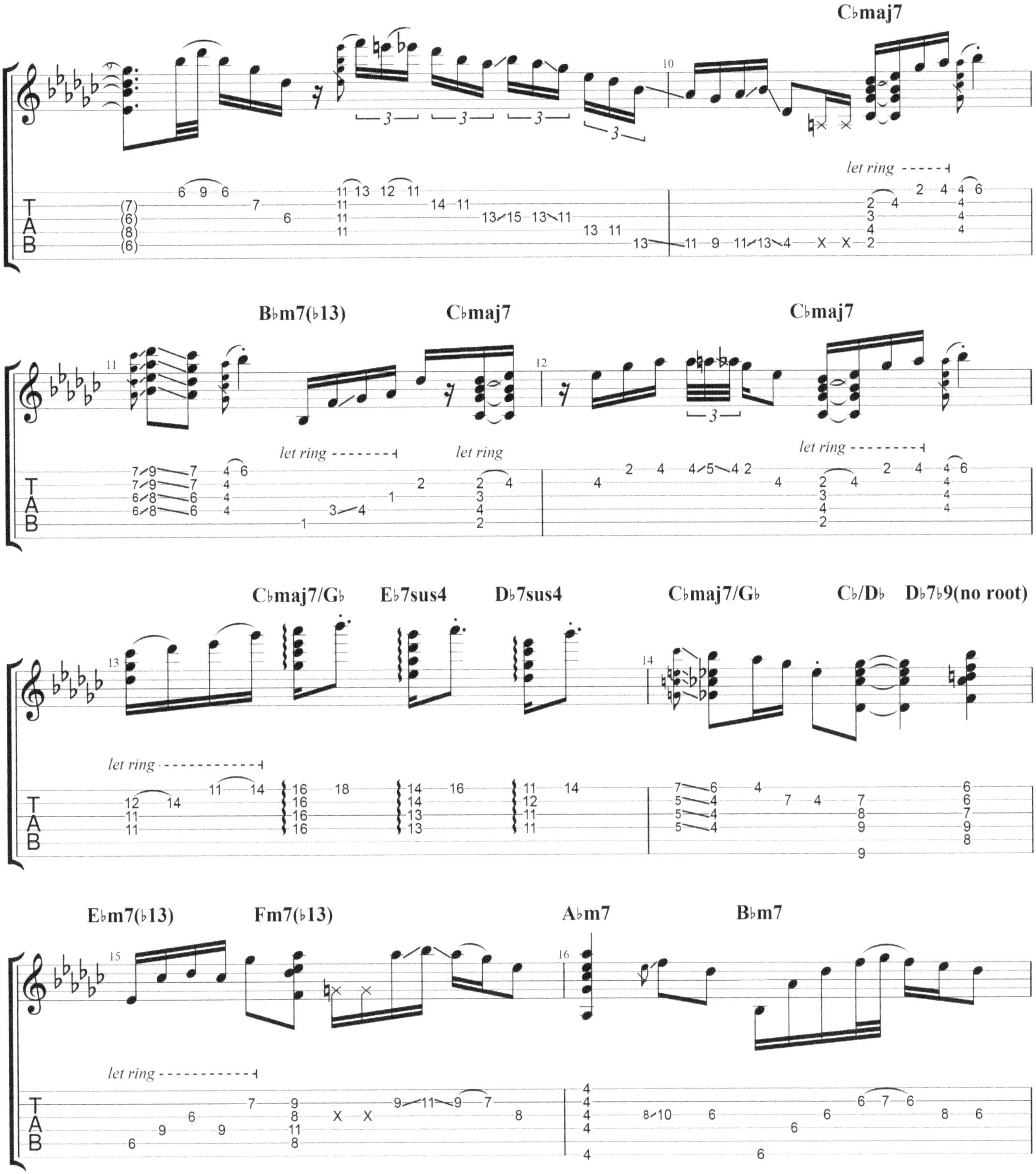

C♭maj7
let ring
B♭m7(♭13)
C♭maj7
let ring
let ring
C♭maj7
let ring
C♭maj7/G♭
E♭7sus4
D♭7sus4
C♭maj7/G♭
C♭/D♭
D♭7♭9(no root)
let ring
E♭m7(♭13)
Fm7(♭13)
A♭m7
B♭m7
let ring

Ebm7(b13)
Fm7(b13)
Abm7
Bbm7
let ring
P.M.
Cbmaj7
Ddim7
Fdim7
Ebm7
Fdim7
Abdim7
Gbmaj7
F7(b13)
Ebm7
F7sus4
Eb7sus4
Gbmaj7/Db
TAB

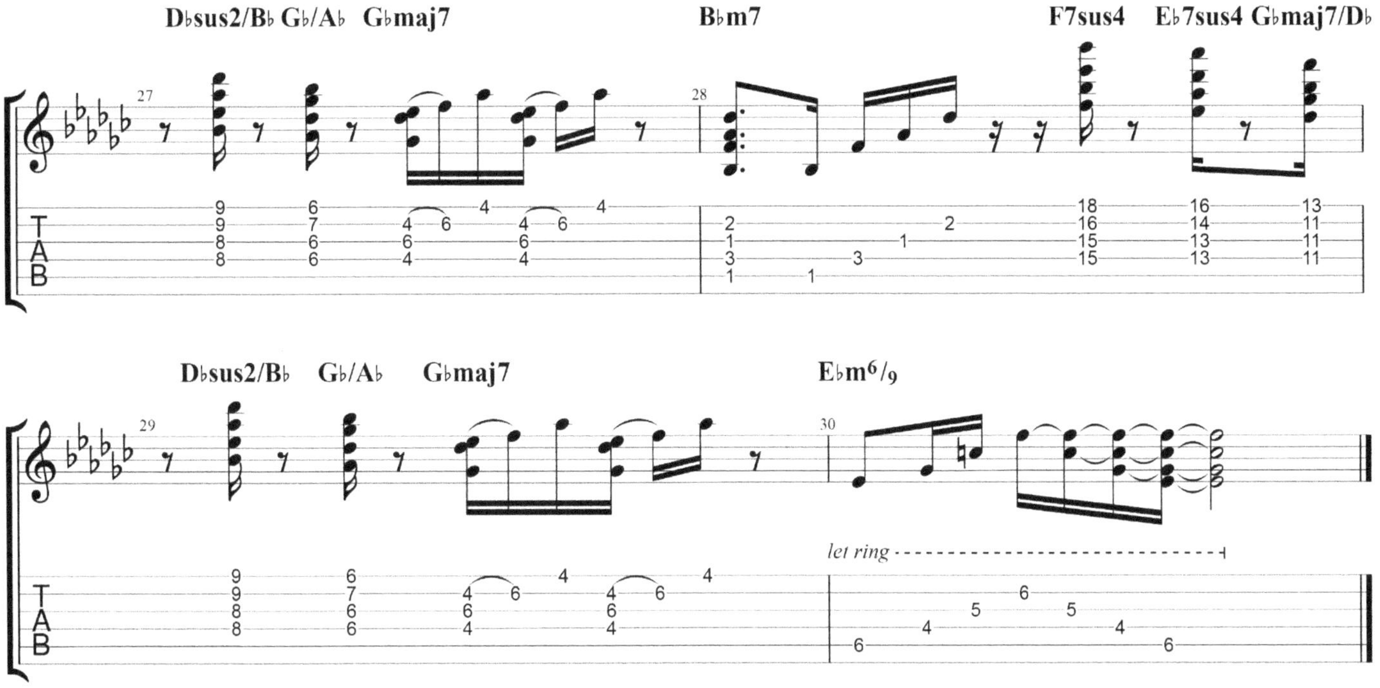
D♭sus2/B♭ G♭/A♭ G♭maj7
B♭m7
F7sus4
E♭7sus4 G♭maj7/D♭
D♭sus2/B♭
G♭/A♭
G♭maj7
E♭m6/9
let ring

Capítulo Dez – Mark Lettieri – "Sunday Brunch"

Sunday Brunch é a segunda música de Mark composta para este livro. Ela utiliza predominantemente a escala de D maior (D E F# G A B C#), mas toma de empréstimo acordes de outras tonalidades. Como você pode ver no vídeo do link abaixo, essa música é tocada no dedilhado.

https://www.fundamental-changes.com/neo-soul-videos/

As seguintes dicas te ajudarão a dominar esta música:

Esta faixa começa com *triple-stops* (três notas tocadas ao mesmo tempo) onde as notas mais agudas dos voicings delineiam a escala mixolídia de D (D E F# G A B C). Toque esse acordes de forma curta para mantê-los tão concisos quanto possível. Concisão é a chave para aprender esta música.

Ideias com acordes diminutos são frequentemente utilizadas no Neo-Soul. Esses acordes podem ser úteis para juntar várias progressões, como Mark demonstra várias vezes nesta faixa (compassos: sexto, oitavo, décimo primeiro, décimo terceiro, décimo quatro, décimo sexto e assim por diante).

Observe a forma como as notas de aproximação cromática e os acordes são utilizados no groove em E7, que começa no compasso vigésimo sexto. Há frequentemente um movimento do Eb7 para o E7. Toque-os concisamente e staccato.

Para conferir mais do incrível trabalho de Mark, acesse o link abaixo.

https://www.instagram.com/mjlettieri/?hl=en

https://www.youtube.com/channel/UCdFP4jYxtHn3pxyN4Ktcd1g

https://www.marklettieri.com

Sunday Brunch – Música Completa

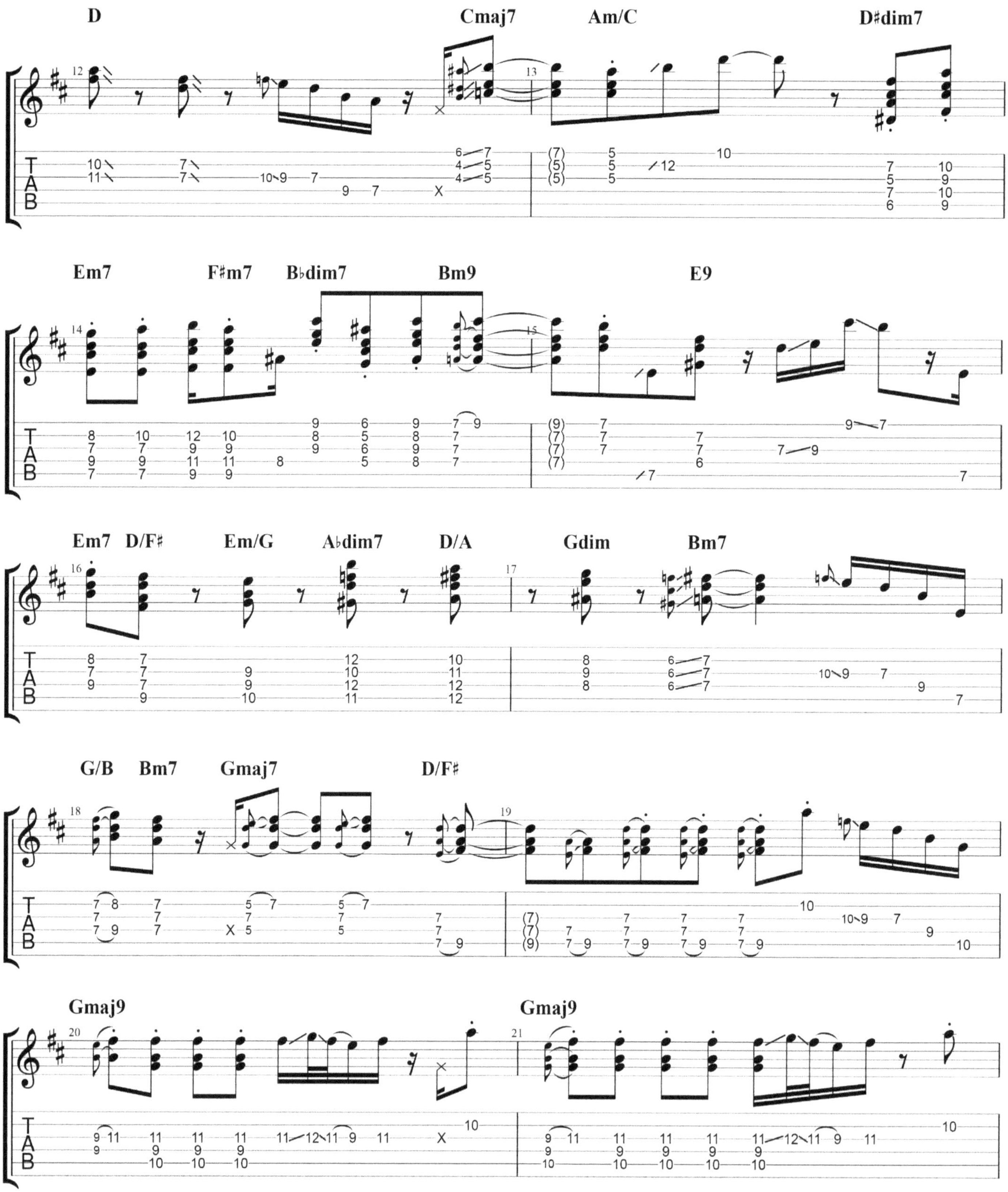
D
Cmaj7
Am/C
D♯dim7
Em7
F♯m7
B♭dim7
Bm9
E9
Em7
D/F♯
Em/G
A♭dim7
D/A
Gdim
Bm7
G/B
Bm7
Gmaj7
D/F♯
Gmaj9
Gmaj9

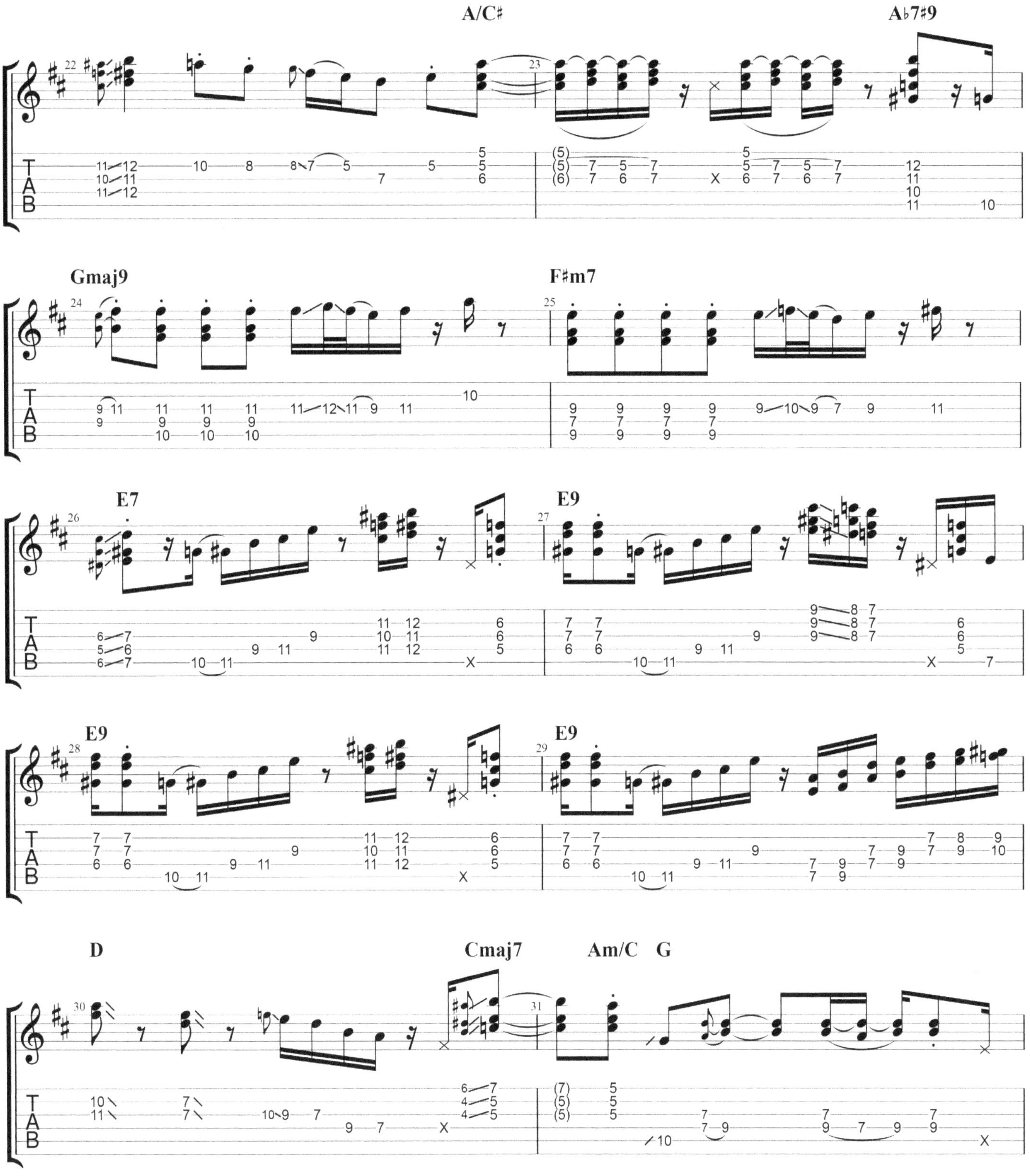
A/C♯
A♭7♯9
Gmaj9
F♯m7
E7
E9
E9
E9
D
Cmaj7
Am/C
G
TAB

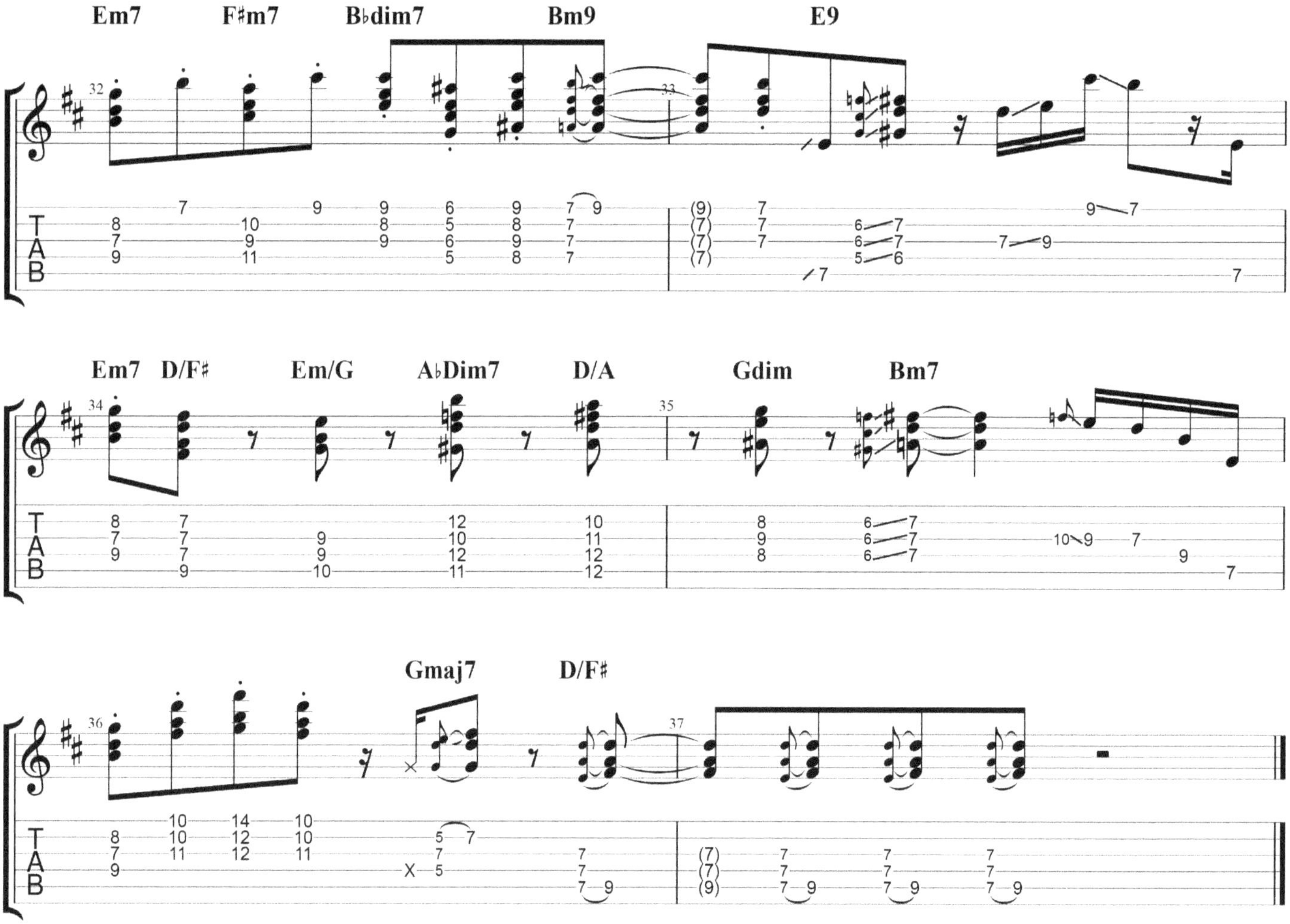
Em7 F♯m7 B♭dim7 Bm9 E9
Em7 D/F♯ Em/G A♭Dim7 D/A Gdim Bm7
Gmaj7 D/F♯

Capítulo Onze – Capture o Tom

O Músico

O elemento mais importante da produção de tom é a pessoa que está tocando a guitarra. A maioria dos guitarristas profissionais consegue fazer com que qualquer instrumento ou amplificador soe muito bem. Você é a fonte do tom! A primeira coisa a fazer é se certificar de que cada nota que você toca tem um significado e propósito. Jeff Beck, que gravou algumas das melhores músicas do mundo, disse: "É melhor tocar um nota bem, do que milhares de notas de forma ruim".

A Guitarra

Não há no Neo-Soul uma guitarra que seja melhor do que a outra, apesar de haver algumas guitarras que já são clássicas e que vale a pena você conferir:

Fender Stratocaster

Fender Telecaster

Gibson ES-335

Paul Reed Smith

Todas essas guitarras são mais do que perfeitas para o estilo. Escolha uma que você goste.

Domine o seu instrumento! Cada instrumento possui nuances sutis que o tornam único. Aprender sobre o volume, o tom e os controles da chave seletora pode, sutilmente, moldar o seu som.

A chave seletora dá a você o controle sobre o tom que a guitarra produz. O captador mais próximo à ponte terá um tom mais brilhante e estridente e é frequentemente utilizado para solos. Os captadores produzem um som progressivamente mais quente e suave, conforme você se move para o captador próximo do braço. Frequentemente, as pessoas utilizam apenas duas das cinco opções na chave seletora (numa Strato, por exemplo), tendo como escolha o captador mais acalorado para o ritmo e o captador próximo à ponte para os solos e riffs. No entanto, é importante experimentar todas as opções disponíveis na chave seletora. Não tenha medo de ir contra a corrente.

Há dois tipos principais de captadores: os single-coil e os humbucker. Captadores single-coil têm um tom clássico e limpo. Eles são muito dinâmicos e favorecem a produção de notas limpas. Captadores humbucker são mais acalorados e tem um som mais pesado.

Um erro comum é acreditar que gastar muito dinheiro garantirá que você tenha um instrumento fantástico. Nosso conselho é que você compre o melhor instrumento que você puder e domine-o tanto quanto possível. Frequentemente, comprar uma guitarra usada te permite conseguir uma excelente guitarra por um preço muito bom. Pesquise guitarras na internet ou pergunte aos seus amigos sobre guitarras à venda. Leia as reviews e procure comprar guitarras que estejam alinhadas com o estilo de música que você gosta.

O Amplificador

Como a guitarra, não há um amplificador específico e ideal quando se fala em Neo-Soul – no entanto, amplificadores capazes de produzir um tom claro são um ótimo começo. Alguns dos nossos favoritos incluem:

Fender Princeton

Fender Deluxe Reverb

Brunetti Singleman

Supro Statesman

PRS Sonzera

Atualmente, há uma gama enorme de amplificadores disponíveis, logo escolher um resume-se, no final, à preferência individual.

Os controles do amplificador que moldam o seu som são: o ganho e os controles de equalização. Apesar de o ajuste no ganho alterar o volume, pense nele como um controle de tom, em vez de um controle de volume. Ajustar o ganho aumenta ou diminui a quantidade de distorção que o amplificador emite. A criação de tom é muito pessoal e subjetiva, portanto ouça diferentes guitarristas e decida o que *você* quer escutar, então molde o som de acordo com as suas preferências.

Os controles de equalização dos médios, agudos e graves no amplificador são os principais escultores e permitem que você molde o som da guitarra para o seu tom desejado. Se você estiver indeciso, configure o equalizador do seu amplificador em seis, cinco e seis (grave, médio e agudo, respectivamente). Geralmente, esse é um bom ponto de partida e normalmente funciona muito bem quando se está testando um amplificador.

Para saber mais sobre os controles do amplificador, acesse:

https://www.musicroom.com/productdetail/product702932/variant702932/?gclid=EAIa IQobChMIuK7KqNff2wIVApzVCh1pTgYREAQYAiABEgLVvvD_BwE&gclsrc=aw.ds

Pedais

Não são necessários muitos pedais para criar um som em Neo-Soul, mas investir em um bom compressor, em um envelope filter e em um reverb seria uma boa forma de começar. Algumas das nossas escolhas favoritas incluem:

Wampler Ego Compressor

Keeley 4 Knob Compressor

Carl Martin Classic Opto-Compressor

Electro-Harmonix Q-Tron+

Strymon Flint

Walrus Audio Fathom

Cordas

A coisa mais importante a se fazer, antes de gravar ou fazer um show, é trocar as cordas da guitarra. Gostamos de trocar as cordas, um dia antes de uma gravação, para que elas se ajustem bem. Cordas novas fazem uma enorme diferença no tom da guitarra. É impressionante como as cordas se tornam sem vida, mesmo depois de apenas uma semana tocando.

Quanto mais leves forem as cordas, mais fácil será de tocá-las. Cordas mais pesadas possuem um tom encorpado e acalorado, mas executar técnicas como o *bend* pode ser algo desafiador. Experimente diferentes medidas de cordas e fabricantes até que você encontre um que você goste. Para as gravações deste livro, Simon utilizou as cordas Super Slinky 9-42. Kristof gosta de cordas mais pesadas e utilizou a D'Addario EXL116 11-52 nas suas gravações.

Outro importante fator na produção de tom é como você toca as cordas. A espessura da sua palheta/plectro afetará o seu tom. Quanto mais grossa a palheta, mais ousado e cheio será o som, palhetas mais finas, por outro lado, usualmente produzirão tons mais finos e claros. Simon prefere os plectros Jim Dunlop Jazz 3 – algo no seu estilo de tocar que não mudou durante os anos. Ele percebe que o controle que ele consegue com essas palhetas, especialmente na palhetada alternada, aumenta tremendamente a sua confiança e controle.

"Palhetas são para fadas!" é outra citação de Jeff Beck, mestre do tom! Ele está se referindo ao fato de que você pode conseguir um grande controle tocando apenas com os dedos. Muitas pessoas associam o dedilhado com ritmo e acordes, mas o dedilhado na guitarra principal pode produzir sons muito emotivos e criativos. Deixe um pouco de lado o plectro e toque as suas linhas favoritas com os dedos. Também é possível utilizar a palhetada híbrida, que permite que você utilize tanto os dedos como a palheta, ao mesmo tempo. Kristof na maioria das vezes utiliza a palhetada híbrida para conseguir o seu som e a sua palheta atual preferida é a Mathas Guitars Jazztor 2.0mm com bordas pontiagudas que soam muito bem junto com os dedos.

Nosso Equipamento

Simon

Guitarra: Taylor T5

Amplificador: Kemper using a Michael Britt Fender Tweed Profile

Gravação: Logic Pro

Utilizei o meu Taylor T5 (obrigado Taylor), direto no meu amplificador Kemper com o Michael Britt Fender Tweed Profile carregado nele. Gravei cada faixa um pouco limpa e seca, então adicionei uma leve compressão e reverb plate com o plugin Logic's Space Designer.

Kristof

Guitarra: Maybach Teleman T54 Vintage Cream

Efeitos: Carl Martin Classic Opto-Compressor; Strymon Timeline; Walrus Audio Design Monument; Strymon Flint.

Amplificador: Brunetti Singleman 16W combo

Gravação: Sennheiser e609 e Scarlett Focusrite 2i2.

Criei um som levemente limpo e comprimido com um pouco de reverb plate e coloquei um microfone no amplificador para gravar os exemplos. Em *Fat Rat* utilizei menos compressão, incluí o Strymon Timeline para gerar um delay e utilizei o Harmonic Tremolo da Walrus Audio Design Monument para criar uma bela, mas sutil modulação.

Tocando com Outros Músicos

Até agora você já aprendeu licks, criou improvisações legais e inspiradoras e desenvolveu o seu tom. Ao trabalhar com outros músicos e observar como eles criam as suas músicas, você desenvolverá uma ideia melhor de como criar o seu próprio tom e estilo. Peça um *feedback* construtivo, sobre o seu tom, aos músicos que trabalham com você e peça para que eles te passem quaisquer ideias que eles possam ter para melhorar o seu tom.

A música foi feita para ser tocada e não há sensação melhor do que a de improvisar! Nossa dica, para que você improvise com outros músicos, é: "toque com pessoas mais habilidosas do que você". Trabalhar com músicos mais avançados tecnicamente e musicalmente inspirará você. Aprender a ler a notação musical e ter uma boa noção de teoria musical moderna pode te ajudar a interagir com outros músicos.

Se você não puder tocar com outros músicos por qualquer razão, seria uma boa ideia investir num pedal looper (como o TC Electronic Ditto) para sentir a sensação de tocar ao vivo.

Backing Tracks e Tracks de Bateria

Algo muito importante é se divertir quando você estiver tocando! Isso é o que mais valorizamos aqui na Fundamental Changes. Apesar de ser impossível recriar uma banda pra você, criamos *backing tracks* e tracks de bateria em Neo-Soul, para chegar ao mais próximo possível do que seria uma banda.

Backing Tracks

Primeira Backing Track: Amaj7, G#7 e C#m

A primeira *backing track* baseia-se na tonalidade de C#m e segue a progressão de acordes, mostrada acima. Ela tem a vibe clássica do Neo-Soul no estilo J Dilla. A escala pentatônica de C#m (C# E F# G# B), a escala Blues de C# (C# E F# G G# B) e a escala natural de C# menor (C# D# E F# G# A B) são escolhas perfeitas para solar nesta progressão.

Segunda Backing Track: Em9 e Balt

A segunda *backing track* possui uma distinta característica de Tom Misch. Ela alterna entre o acorde Em9 e uma variedade de acordes alterados de B, como o #5, mas também o acorde Bm9. Esta *backing track* é intencionalmente ambígua e você pode utilizar a pentatônica de E menor (E G A B D) ou a pentatônica de B menor (B D E F# A) quando estiver solando. Experimente e acompanhe a melodia.

Terceira Backing Track: Am7, Em7 e Fmaj7

A terceira *backing track* é uma progressão de três acordes na tonalidade de A menor. Funcionarão bem nesta progressão as escalas pentatônica de A menor (A C D E G), a escala blues de A (A C D Eb E G) e a escala natural de A menor (A B C D E F G). Esta faixa está no estilo de Kerry "2 Smooth" Marshall.

Quarta Backing Track: E, G#m7, A6, A/B, B7b9

Essa *backing track* foi inspirada no Exemplo 6r. A escala de E maior (E F# G# A B C# D#) funcionará perfeitamente, quando você estiver solando. Para extrair o máximo dela, tente incluir alguns harmônicos naturais.

Também estão incluídas *backing tracks* das músicas completas, exibidas neste livro, para que você possa praticar e gravar-se tocando cada música.

Tracks de Bateria

Há muitos exemplos neste livro e apesar de a utilização de um metrônomo ser fundamental para praticar, às vezes, ele pode ser um pouco entediante. Para resolver esse problema, criamos cinco tracks de bateria em uma variedade de velocidades, para que você pratique os exemplos mostrados neste livro e também para que você as utilize como ferramentas criativas para compor os seus próprios licks em Neo-Soul.

Cada track de bateria tem ritmos diferentes, algumas com grooves firmes e justos e outras com um ritmo mais relaxado, que replicam as diferentes formas do Neo-Soul.

Conclusão

Seja você um iniciante no Neo-Soul ou um músico experiente, acreditamos que todos podem se beneficiar ao desenvolver as técnicas e ideias apresentadas neste livro. Utilize os exemplos como um ponto de partida para criar as suas próprias linhas, frases e músicas completas. Deixe que os seus ouvidos te guiem e não confie apenas nos padrões de dedilhado e nos desenhos das escalas, considerados "notas seguras". Lembre-se dessa frase, "Se soar bem, então o som é bom. E se soar mal… o som provavelmente é mau!"

Pratique com o que você não conhece, em vez de com o que você já conhece! Esse é simplesmente o melhor conselho que podemos oferecer a qualquer músico que está buscando evoluir.

A nossa paixão é ensinar as pessoas a tocar e a se expressar por meio da guitarra. Se você tem alguma dúvida, por favor contate-nos e faremos o nosso melhor para responder tão depressa quanto possível.

Você pode nos contatar por email:

simeypratt@gmail.com

kristof_neyens@hotmail.com

Ou através do canal no YouTube da Fundamental Changes

Confira as nossas páginas no Instagram, para ficar por dentro do que estamos tocando:

Simon : @simeygoesfunky

Kristof : @kristofneyensguitar

Outros livros da Fundamental Changes

O Guia Completo para Tocar Blues na Guitarra: Livro Um - Guitarra Base

O Guia Completo para Tocar Blues na Guitarra: Livro Dois: Frases Melódicas

O Guia Completo para Tocar Blues na Guitarra: Livro Três - Além das Pentatônicas

O Guia Completo para Tocar Blues na Guitarra - Compilação

O Sistema CAGED e 100 Licks de Guitarra Blues

Mudanças Fundamentais na Guitarra Jazz

Dominando o ii V Menor na Guitarra Jazz

Solos na Guitarra Jazz Blues

Escalas de Guitarra Contextualizadas

Acordes de Guitarra Contextualizados

Jazz Guitar Chord Mastery (Guitar Chords in Context Part Two)

Técnica Completa de Guitarra Moderna

Dominando a Guitarra Funk

The Complete Technique, Theory and Scales Compilation for Guitar

Dominando Leitura de Notação na Guitarra

Guitarra Rock CAGED: O Sistema CAGED e 100 Licks para Guitarra Rock

Guia Prático De Teoria Musical Moderna Para Guitarristas

Lições de Guitarra Para Iniciantes: O Guia Essencial

Chord Tone em Solos na Guitarra Jazz

Guitarra Solo no Heavy Metal

Solando Com Pentatônicas Exóticas

Guitarra Base Heavy Metal

Distribuição de Vozes na Guitarra Jazz

The Complete Jazz Soloing Compilation

The Jazz Guitar Chords Compilation

Guitarra Blues Dedilhada

www.ingramcontent.com/pod-product-compliance
Lightning Source LLC
Chambersburg PA
CBHW081429090426
42740CB00017B/3235